Hier zeige ich es dir:

Jetzt bist du dran. Zeichne die Silbenbögen.

  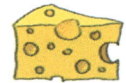  

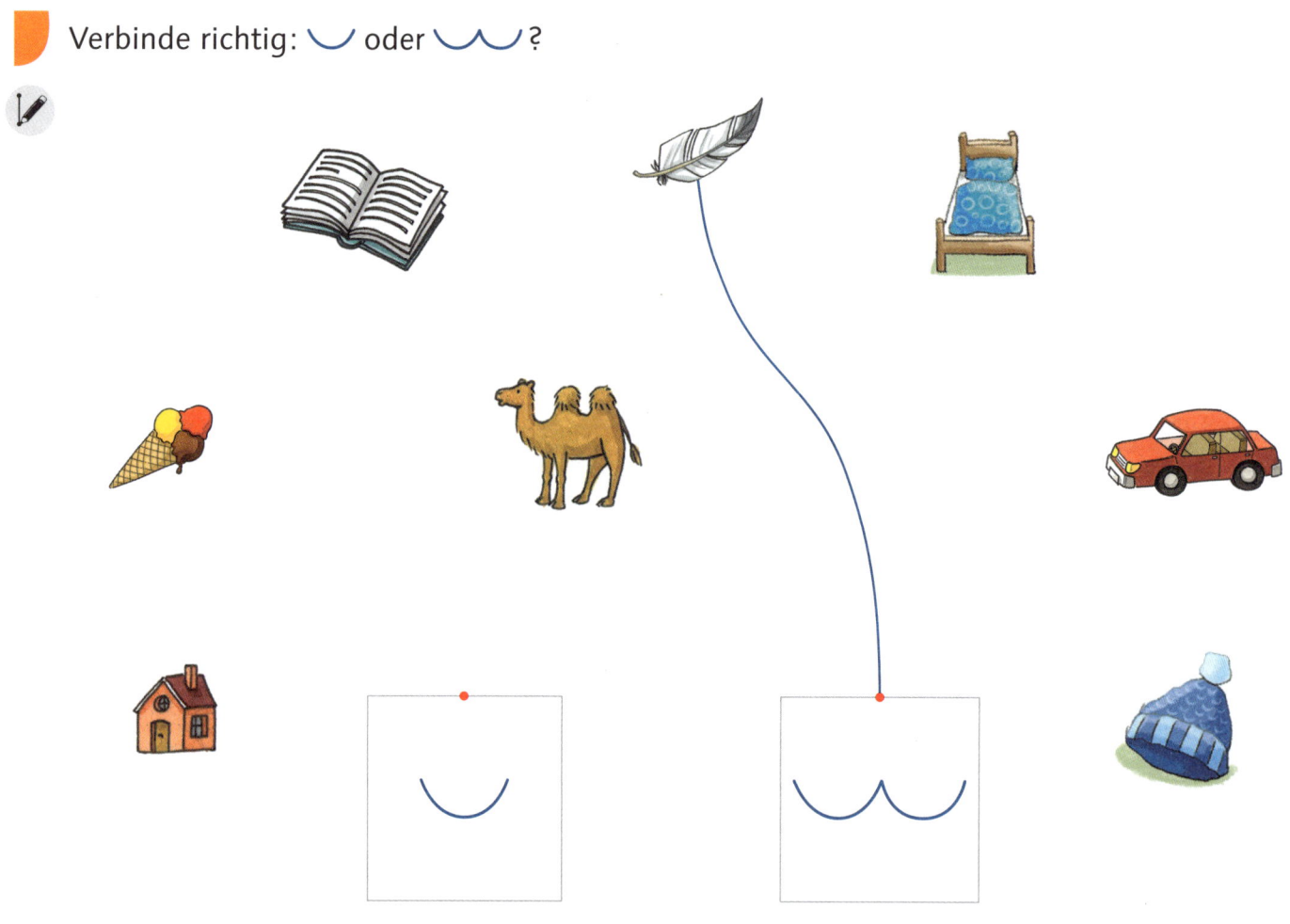

Verbinde richtig: ⌣ oder ⌣⌣ ?

Zeichne die Silbenbögen: ⌣ oder ⌣⌣ ?

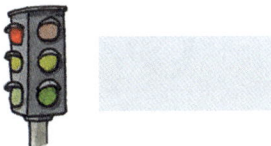

Verbinde richtig: ⌣⌣ oder ⌣⌣⌣ ?

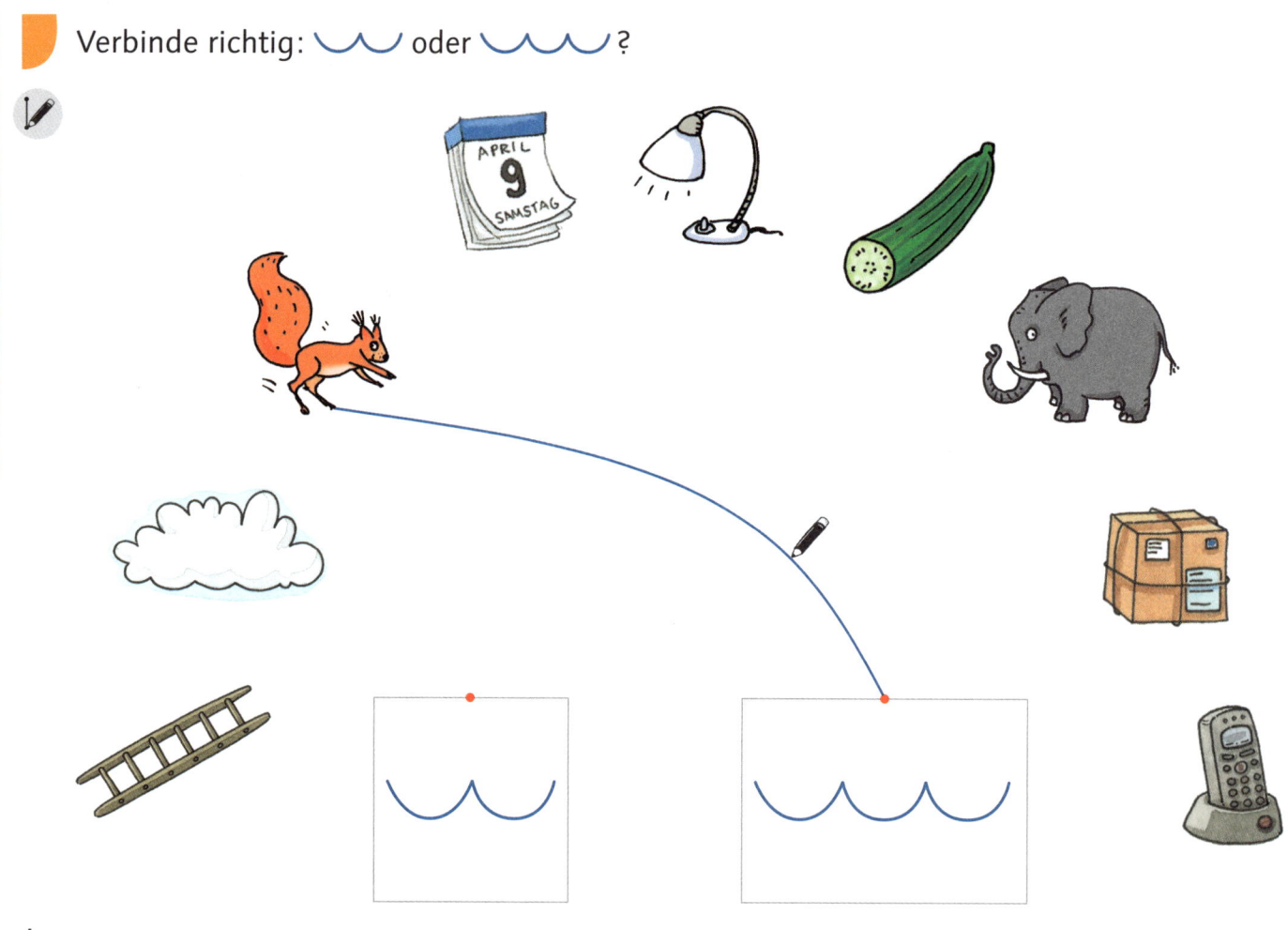

Zeichne die Silbenbögen: ⌣⌣ oder ⌣⌣⌣ ?

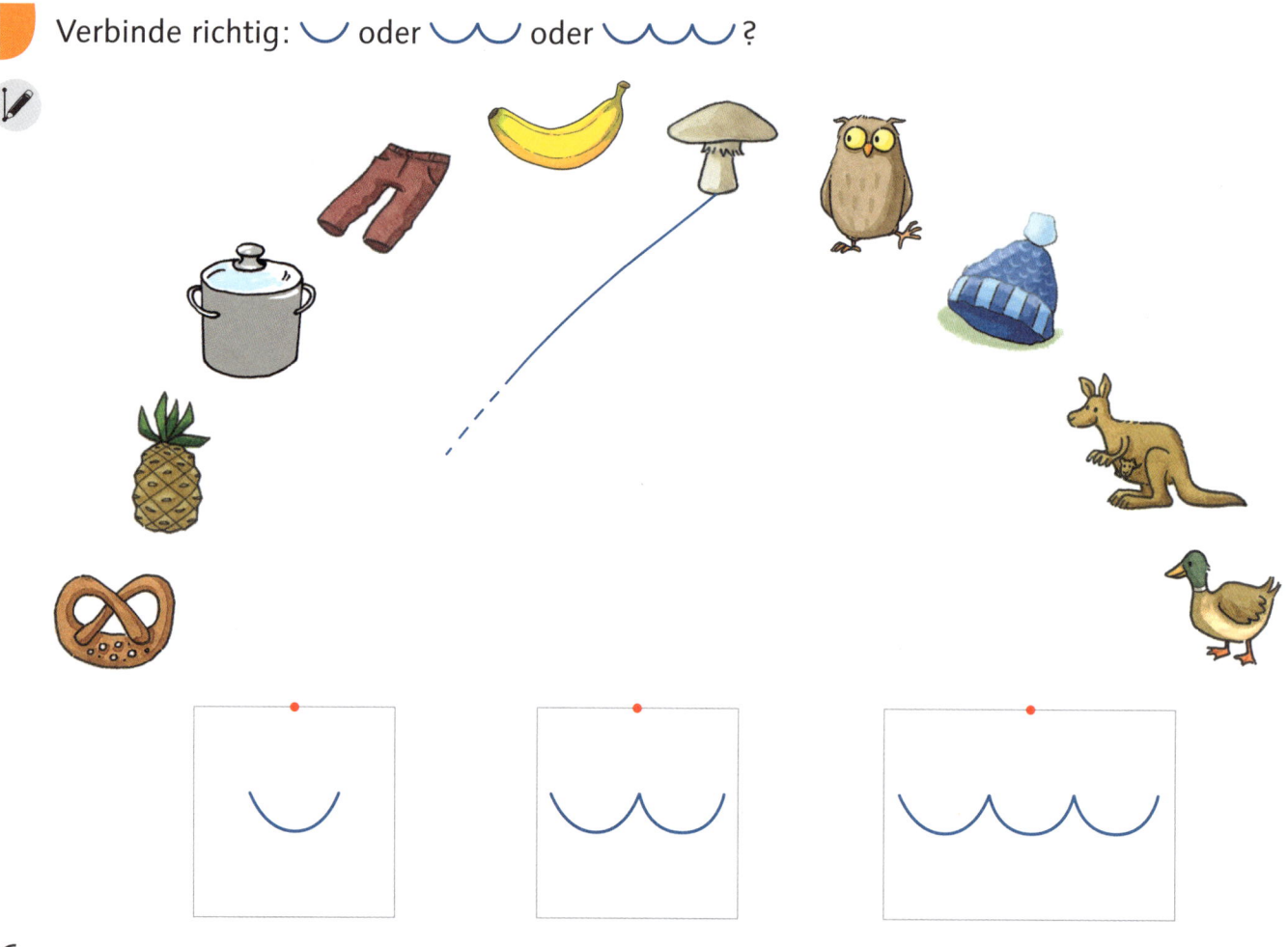

Verbinde richtig: ⌣ oder ⌣⌣ oder ⌣⌣⌣?

Zeichne die Silbenbögen: ⌣ oder ⌣⌣ oder ⌣⌣⌣ ?

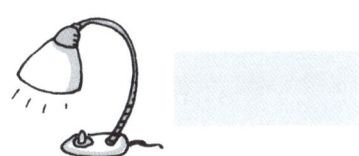

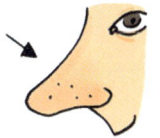

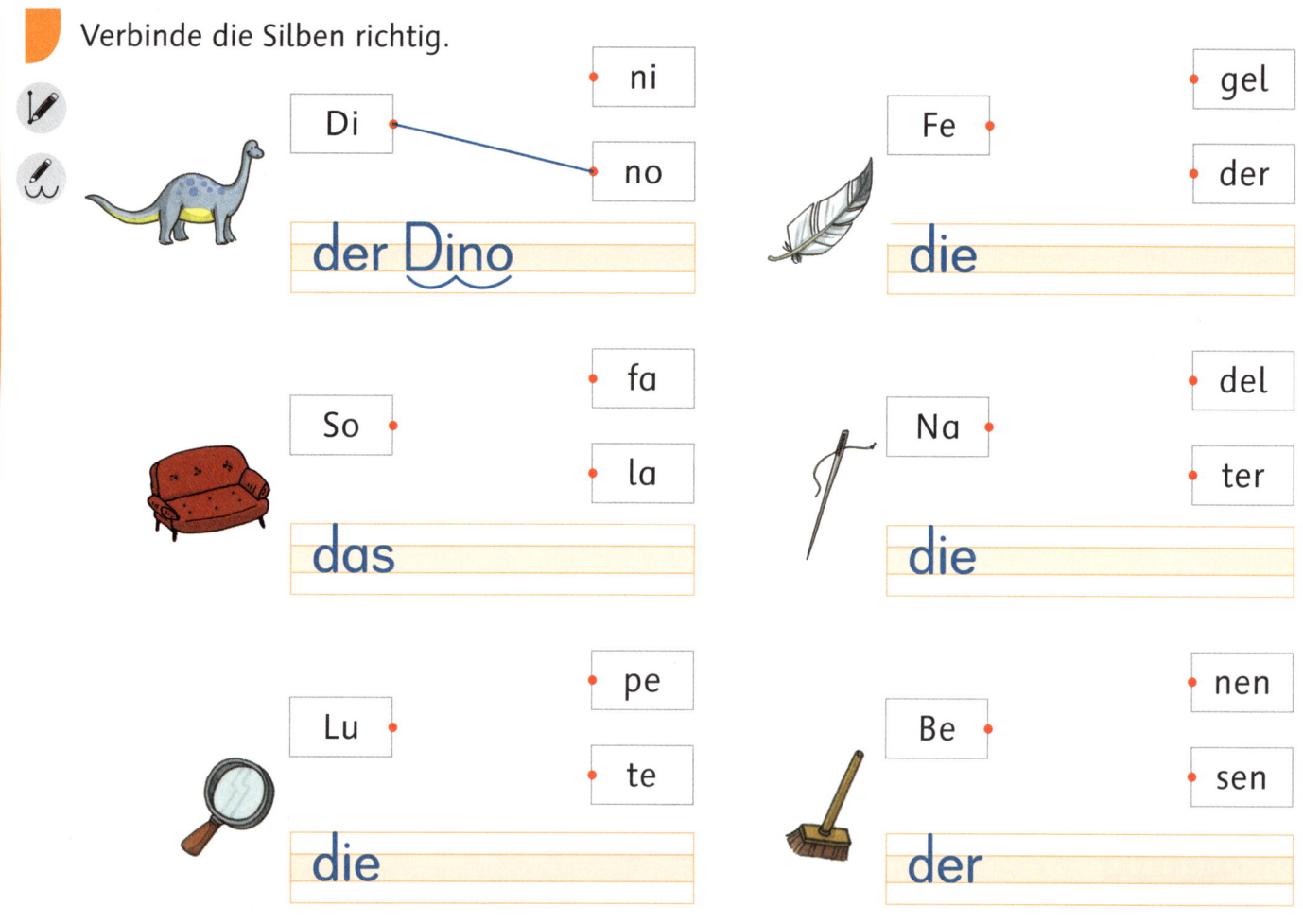

Verbinde die Silben richtig.

Di — no

der Dino

ni

Fe

gel

der

die

So

fa

la

das

Na

del

ter

die

Lu

pe

te

die

Be

nen

sen

der

Verbinde die Silben richtig.

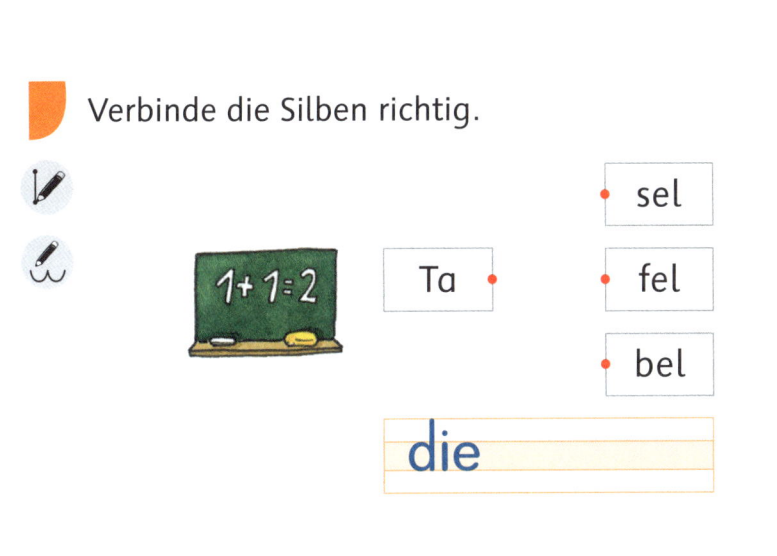

Ta	•	• sel
		• fel
		• bel

die _____

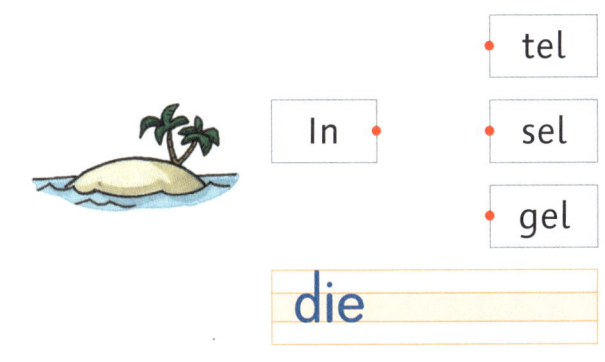

In	•	• tel
		• sel
		• gel

die _____

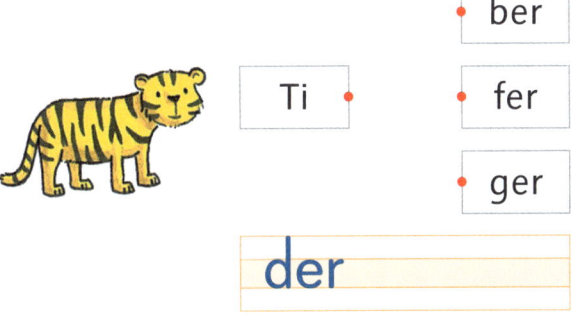

Ti	•	• ber
		• fer
		• ger

der _____

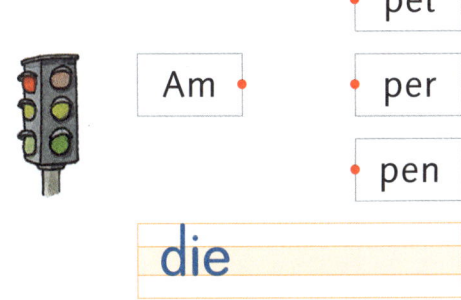

Am	•	• pel
		• per
		• pen

die _____

Verbinde die Silben richtig.

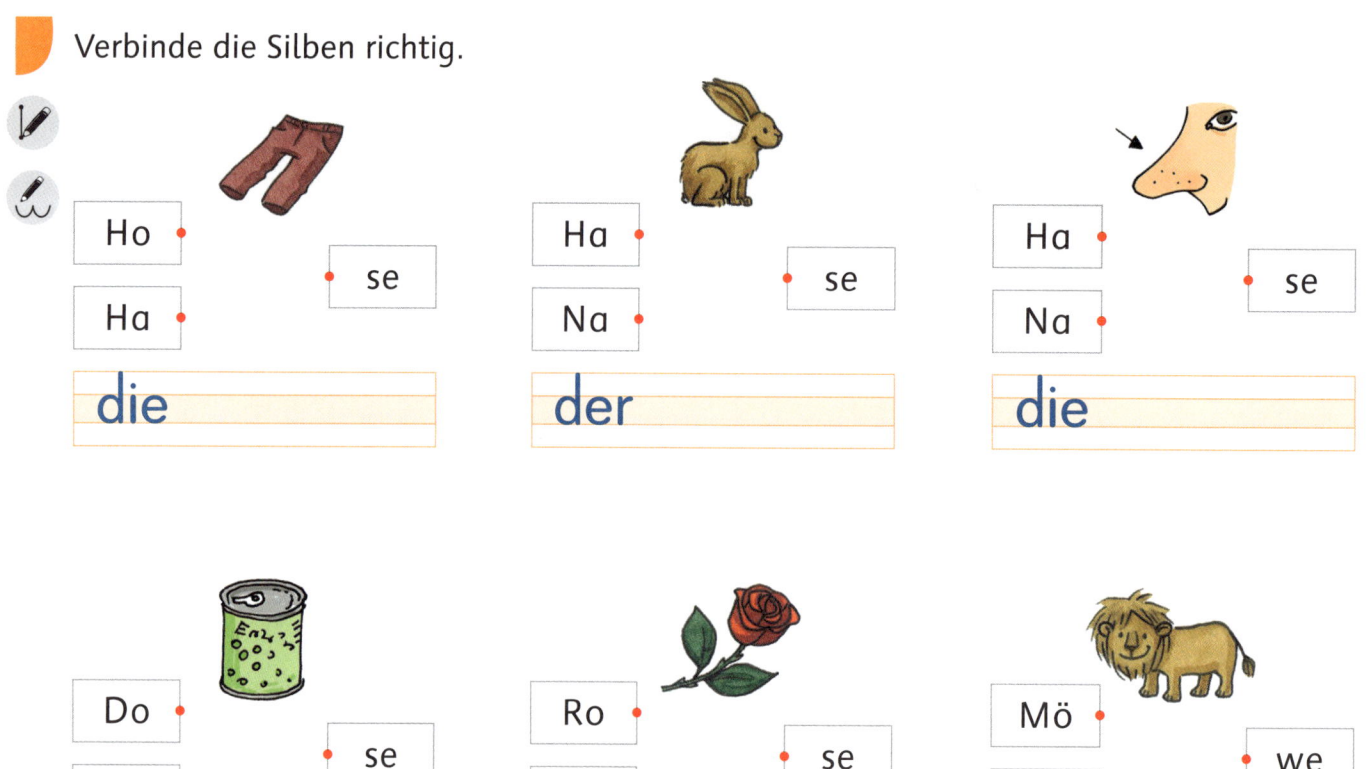

Ho •

Ha •

• se

die

Ha •

Na •

• se

der

Ha •

Na •

• se

die

Do •

Ho •

• se

die

Ro •

Do •

• se

die

Mö •

Lö •

• we

der

Verbinde die Silben richtig.

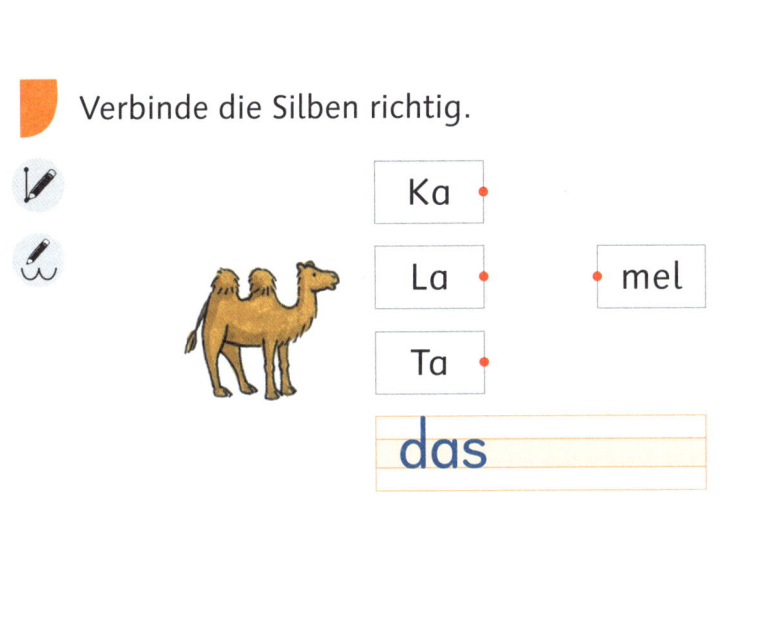

Ka •	
La •	• mel
Ta •	

das

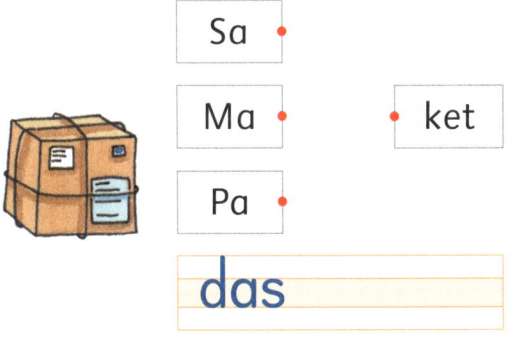

Sa •	
Ma •	• ket
Pa •	

das

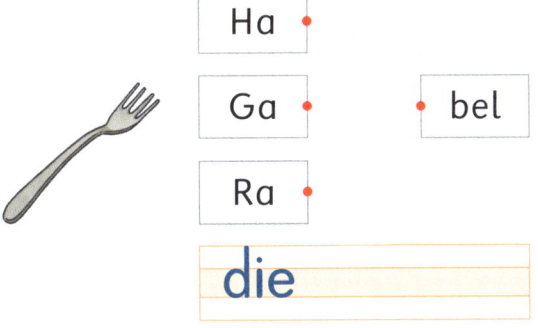

Ha •	
Ga •	• bel
Ra •	

die

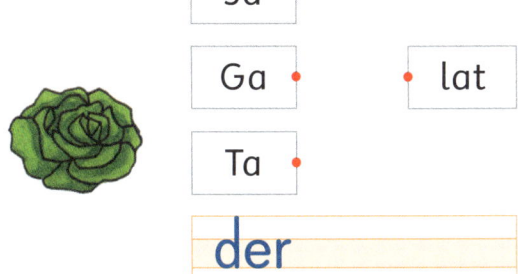

Sa •	
Ga •	• lat
Ta •	

der

Verbinde die Silben richtig.

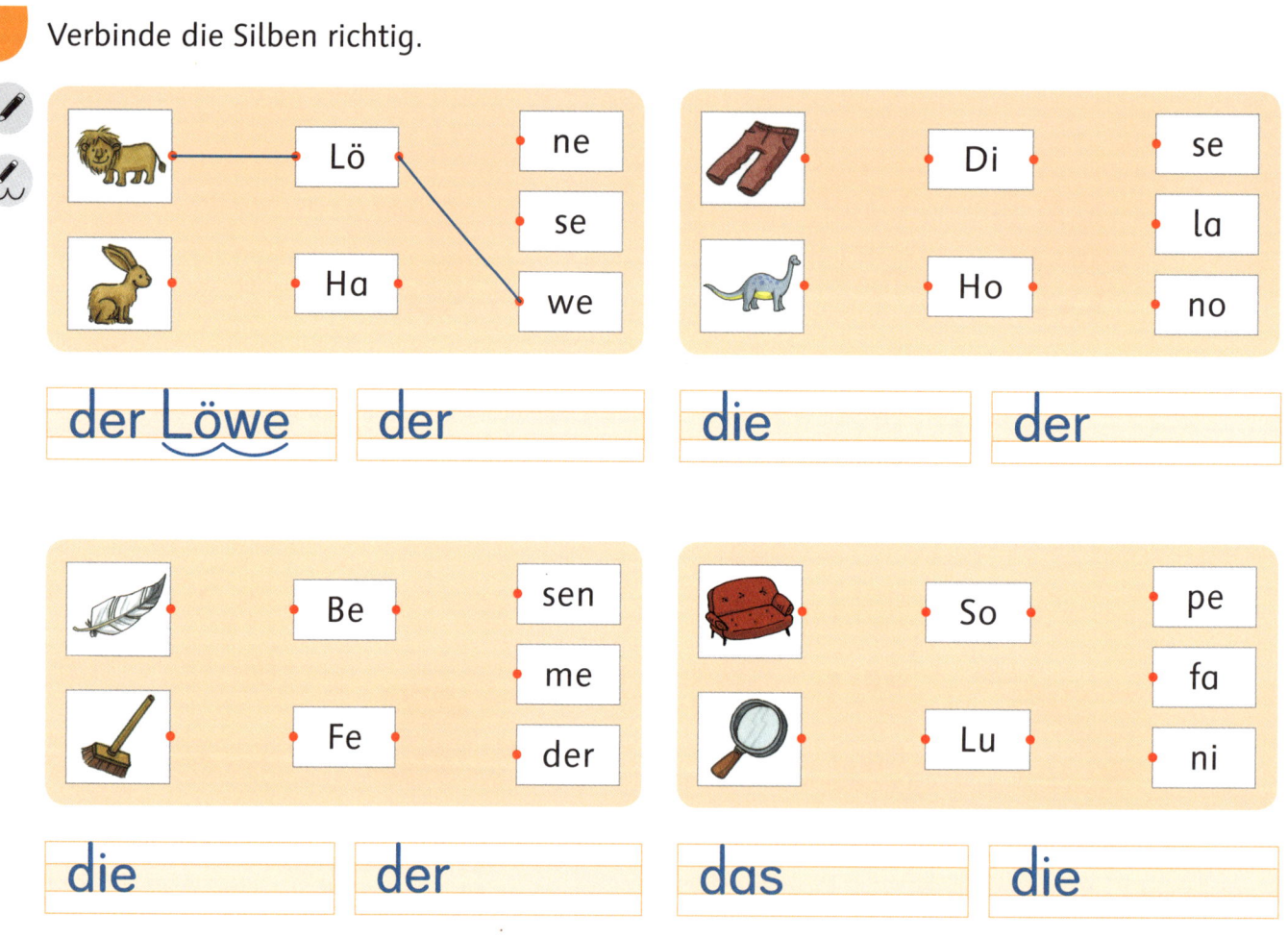

Silben verbinden

Lö	ne
	se
Ha	we

der Löwe   der ___

Di	se
	la
Ho	no

die ___   der ___

Be	sen
	me
Fe	der

die ___   der ___

So	pe
	fa
Lu	ni

das ___   die ___

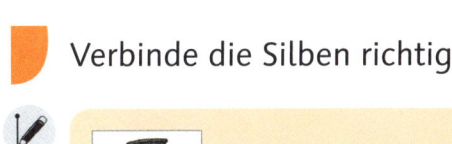

Verbinde die Silben richtig.

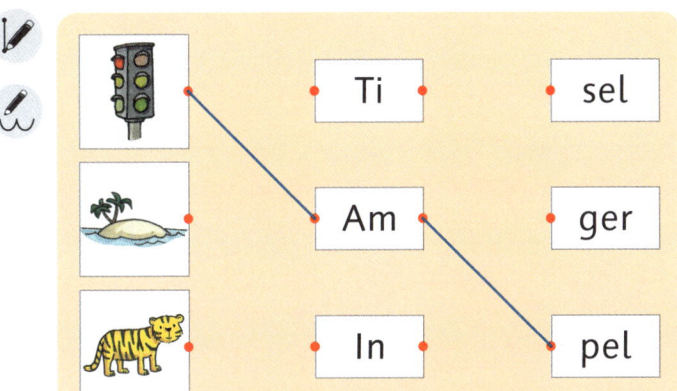

	Ti	sel
	Am	ger
	In	pel

die <u>Ampel</u>

die

der

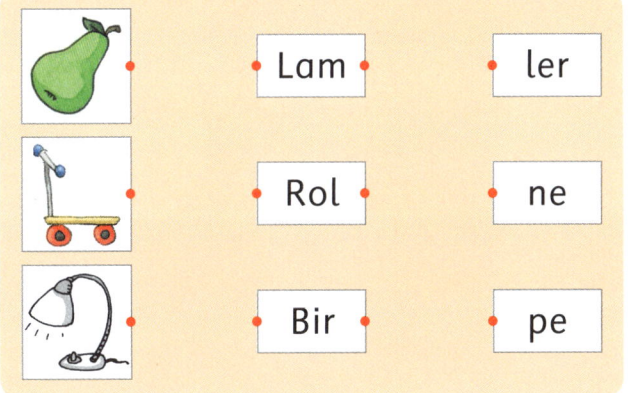

	Lam	ler
	Rol	ne
	Bir	pe

die

der

die

13

Welches Kind hat welchen Luftballon?
Male den Luftballon mit der Farbe des Pullis an.

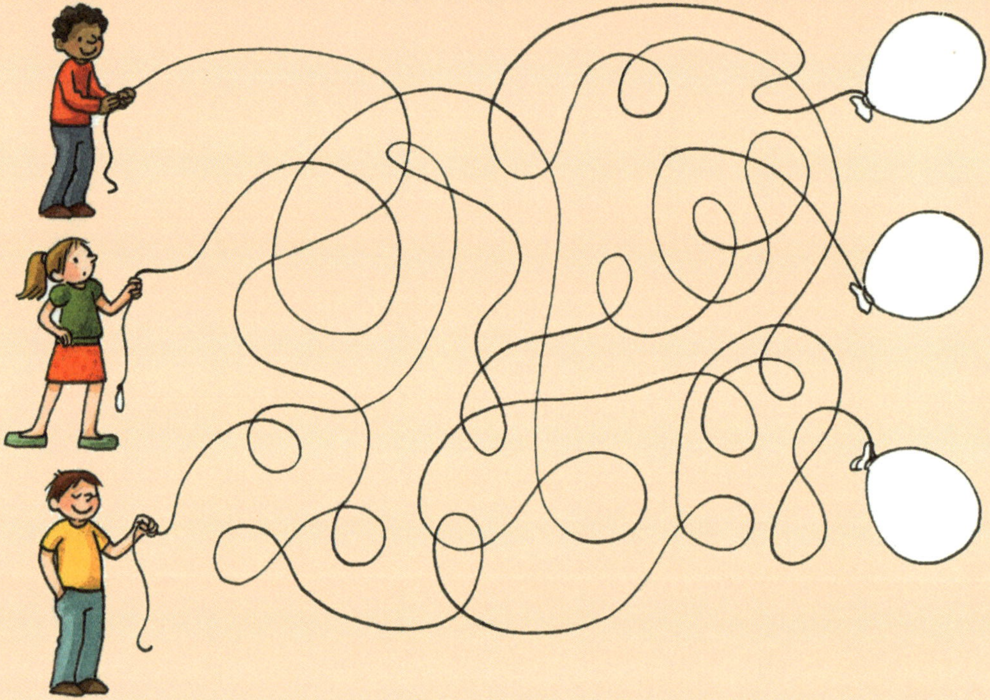

Was gehört zusammen?
Verbinde immer zwei Bilder, eins von jeder Seite!

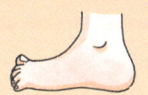

a, e, i, o, u sind Laute, die von selbst klingen. Wir nennen sie **Selbstlaute**.

Sprich die Selbstlaute deutlich.

Male **a, e, i, o, u** farbig an.

Salat

Fuß

Tor

Kamel

Feder

Tiger

Buch

Blitz

Sofa

Lupe

Pilz

Mond

Nest

Gurke

Herz

Glas

Finde alle **Selbstlaute**.
Male sie mit verschiedenen Farben an.

Wie viele hast du gefunden?

a □   e □   i □   o □   u □

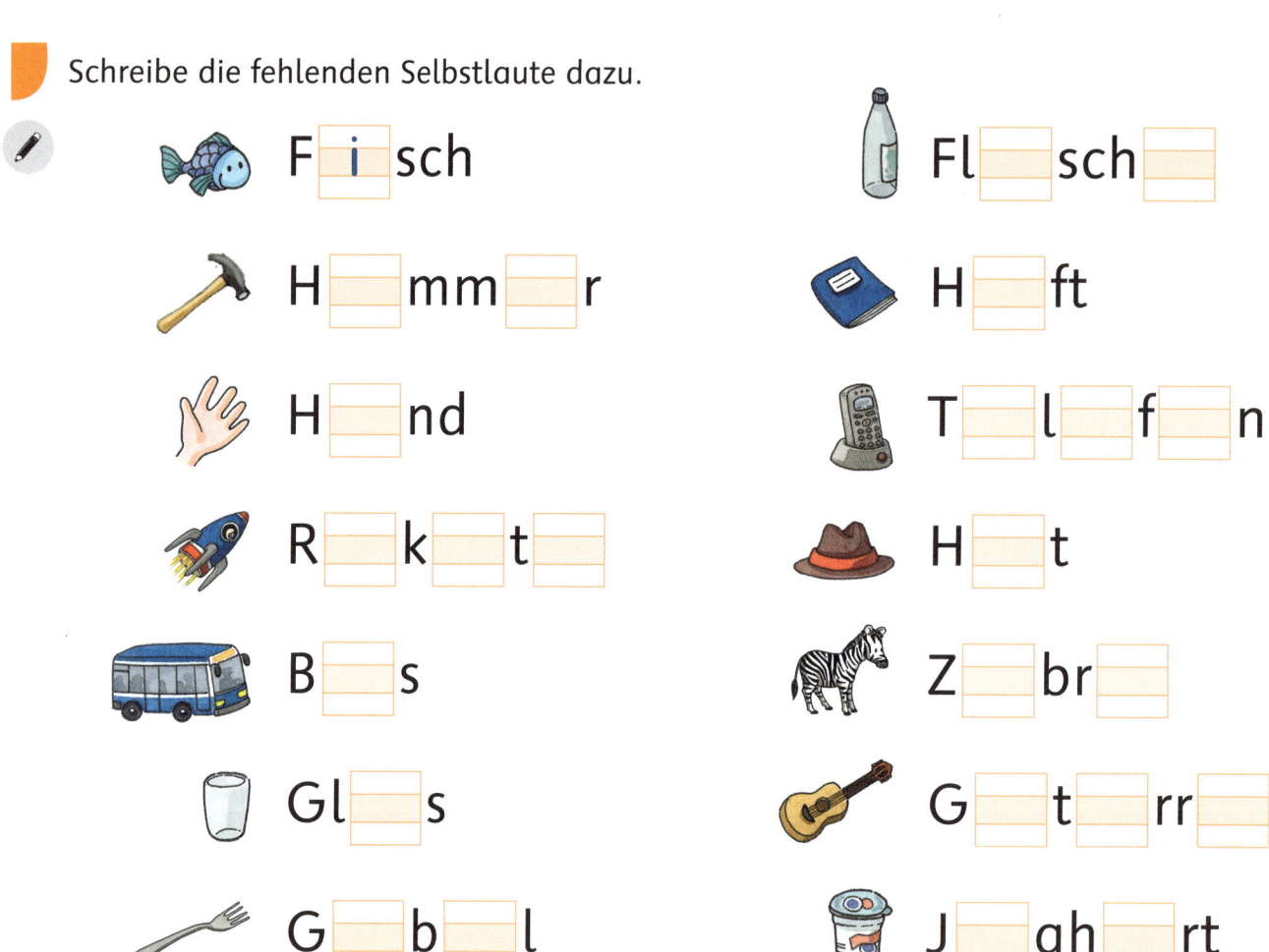

Schreibe die fehlenden Selbstlaute dazu.

Selbstlaute

F i sch

H mm r

H nd

R k t

B s

Gl s

G b l

Fl sch

H ft

T l f n

H t

Z br

G t rr

J gh rt

18

Schreibe die Tiernamen richtig.

 Zibra

das Zebra

 Rugenwurm

der

 Garaffe

die

 Frusch

der

 Hend

der

 Gons

die

 Kitze

die

 Dilfin

der

 Kah

die

 Fosch

der

In jeder Silbe gibt es nur **einen Selbstlaut**.
Darum nennen wir ihn den **Silbenkönig**.

Schreibe die Wörter fertig. Ein anderer Silbenkönig – ein anderes Wort.

   Hase

  u

  a

  Hose

  a

  u

  a

  e

  e

  o

  i

  o

20

Schreibe in alle Silbenbögen nur die Silbenkönige.

 a ‿

  i e ‿

  o a e ‿

  ‿

  ‿‿

  ‿‿‿

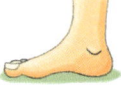 ‿

  ‿‿

  ‿‿‿

 ‿

 ‿‿

 ‿‿‿

 ‿

  ‿‿

  ‿‿‿

 ‿

 ‿‿

 ‿‿‿

Verbinde, was zusammenpasst. Schreibe die Wörter auf.

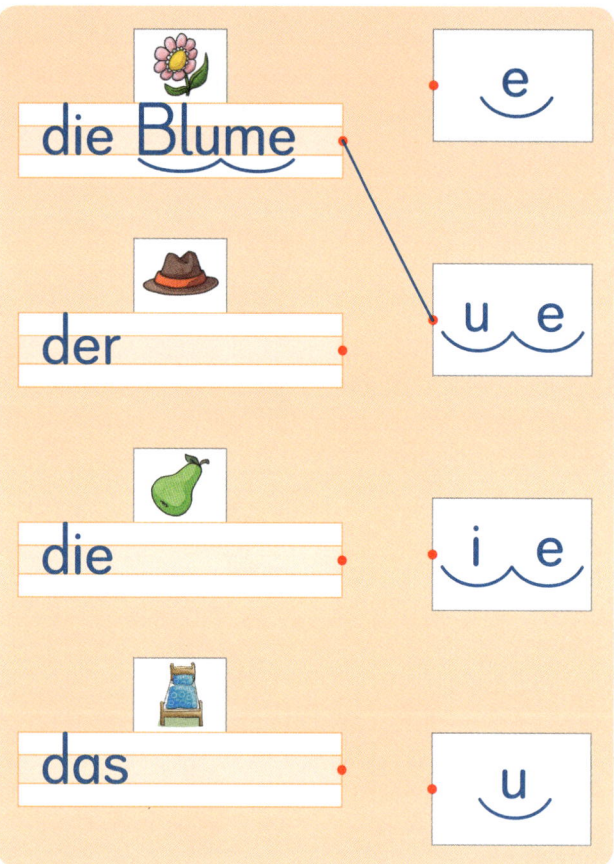

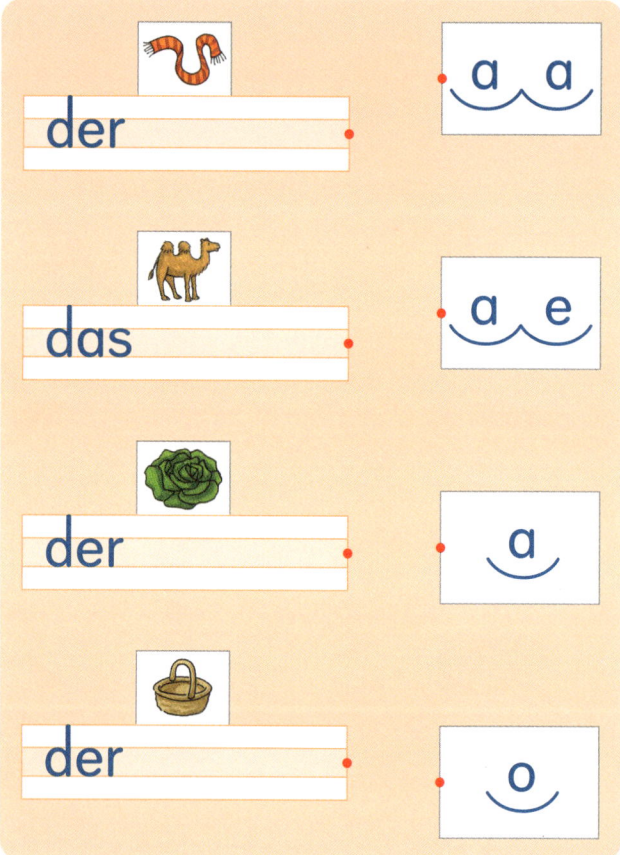

Silbenbögen zuordnen

Verbinde richtig: ◡ oder ◡◡?

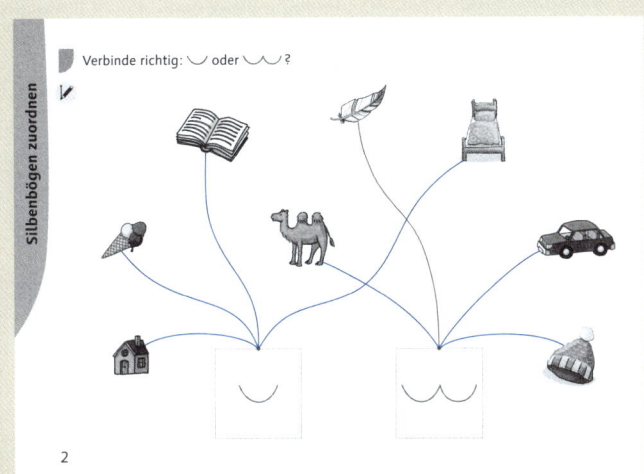

Silbenbögen zeichnen

Zeichne die Silbenbögen: ◡ oder ◡◡?

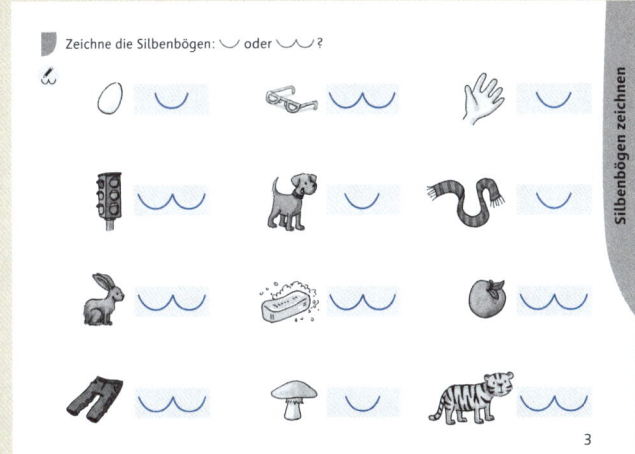

2

3

Silbenbögen zuordnen

Verbinde richtig: ◡◡ oder ◡◡◡?

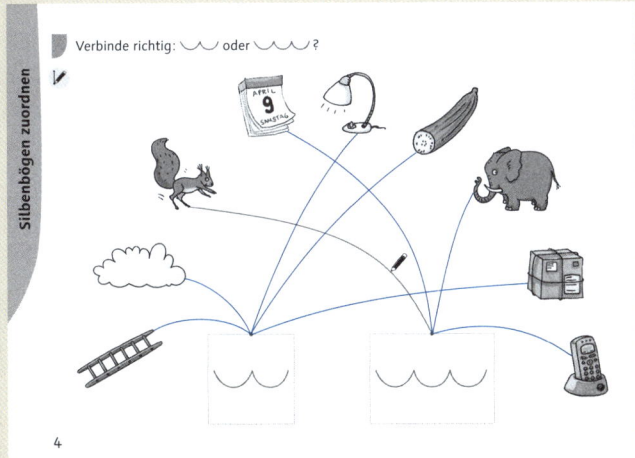

Silbenbögen zeichnen

Zeichne die Silbenbögen: ◡◡ oder ◡◡◡?

4

5

Verbinde richtig: ⌣ oder ⌣⌣ oder ⌣⌣⌣ ?

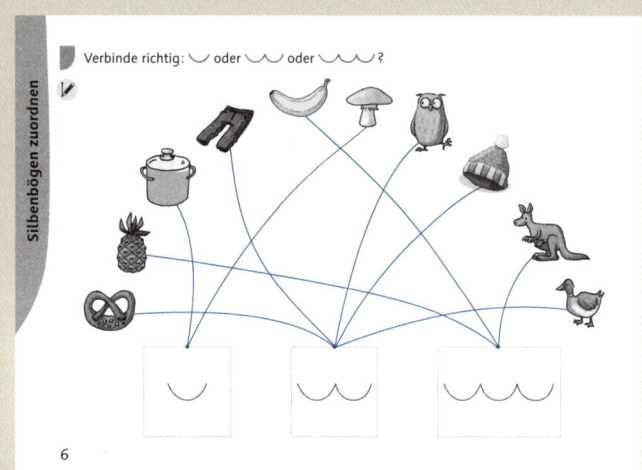

6

Zeichne die Silbenbögen: ⌣ oder ⌣⌣ oder ⌣⌣⌣ ?

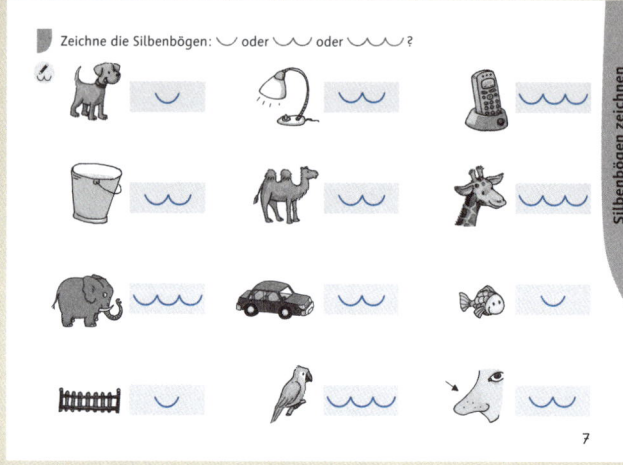

7

Verbinde die Silben richtig.

Di • ni / no — der Dino

Fe • gel / der — die Feder

So • fa / la — das Sofa

Na • del / ter — die Nadel

Lu • pe / te — die Lupe

Be • nen / sen — der Besen

8

Verbinde die Silben richtig.

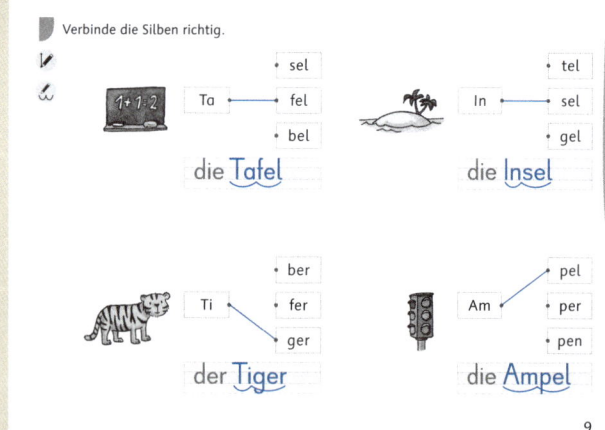

Ta • sel / fel / bel — die Tafel

In • tel / sel / gel — die Insel

Ti • ber / fer / ger — der Tiger

Am • pel / per / pen — die Ampel

9

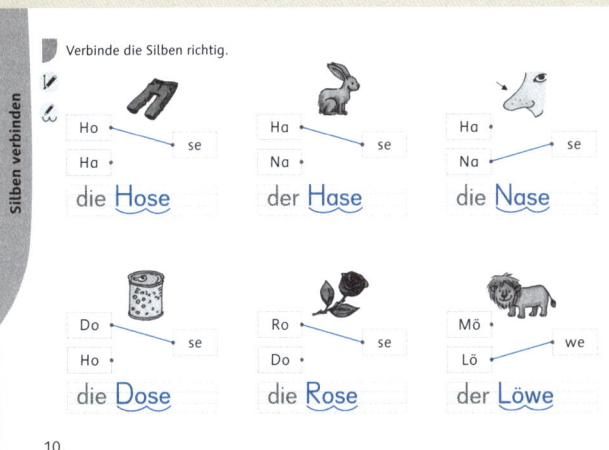

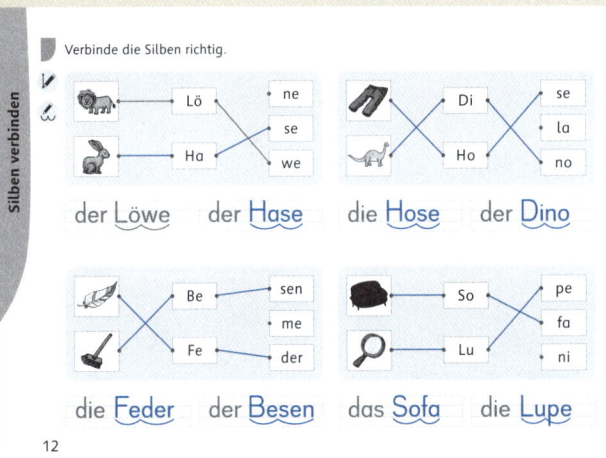

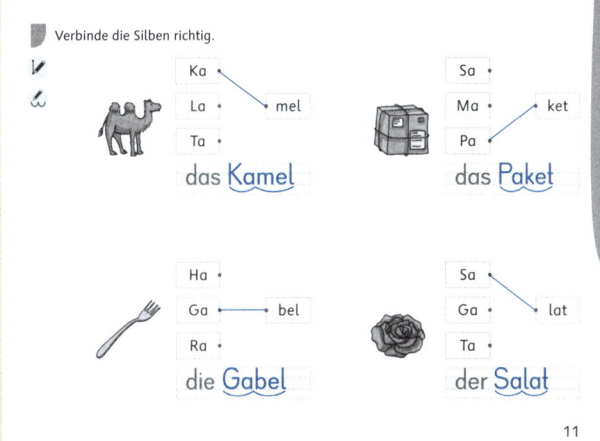

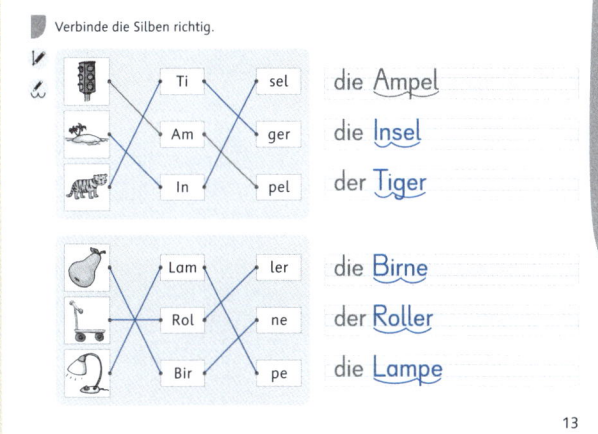

14

Welches Kind hat welchen Luftballon?
Male den Luftballon mit der Farbe des Pullis an.

15

Was gehört zusammen?
Verbinde immer zwei Bilder, eins von jeder Seite!

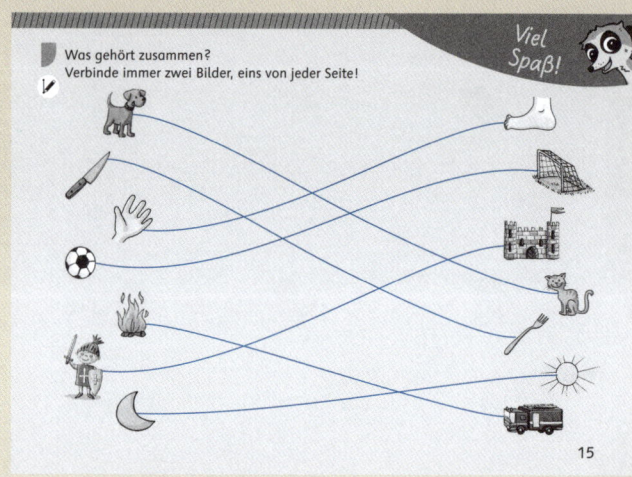

16

a, e, i, o, u sind Laute, die von selbst klingen.
Wir nennen sie **Selbstlaute**.

Sprich die Selbstlaute deutlich.

Male **a, e, i, o, u** farbig an.

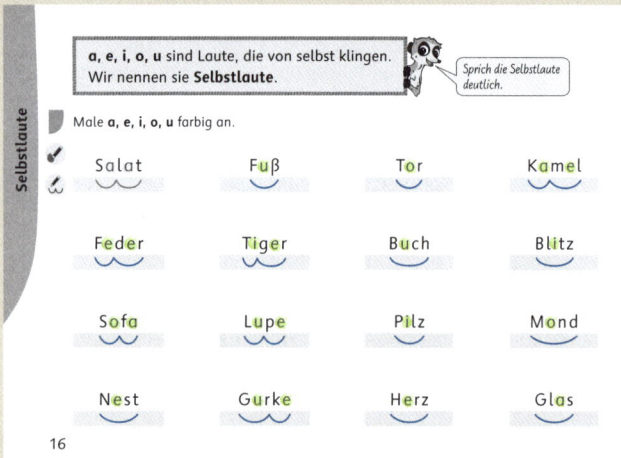

Salat Fuß Tor Kamel

Feder Tiger Buch Blitz

Sofa Lupe Pilz Mond

Nest Gurke Herz Glas

17

Finde alle **Selbstlaute**.
Male sie mit verschiedenen Farben an.

Wie viele hast du gefunden?

a 6   e 3   i 3   o 6   u 5

Selbstlaute

Schreibe die fehlenden Selbstlaute dazu.

F i sch   Fl a sch e

H a mm e r   H e ft

H a nd   T e l e f o n

R a k e t e   H u t

B u s   Z e b r a

Gl a s   G i t a rr e

G a b e l   J o gh u rt

18

Selbstlaute

Schreibe die Tiernamen richtig.

Zibra → das Zebra   Rugenwurm → der Regenwurm

Garaffe → die Giraffe   Frusch → der Frosch

Hend → der Hund   Gons → die Gans

Kitze → die Katze   Dilfin → der Delfin

Kah → die Kuh   Fosch → der Fisch

19

Silbenkönige a, e, i, o, u

In jeder Silbe gibt es nur **einen Selbstlaut**.
Darum nennen wir ihn den **Silbenkönig**.

Schreibe die Wörter fertig. Ein anderer Silbenkönig – ein anderes Wort.

Hase   Hund   Nadel

Hose   Hand   Nudel

Tanne   Stern   Welle

Tonne   Stirn   Wolle

20

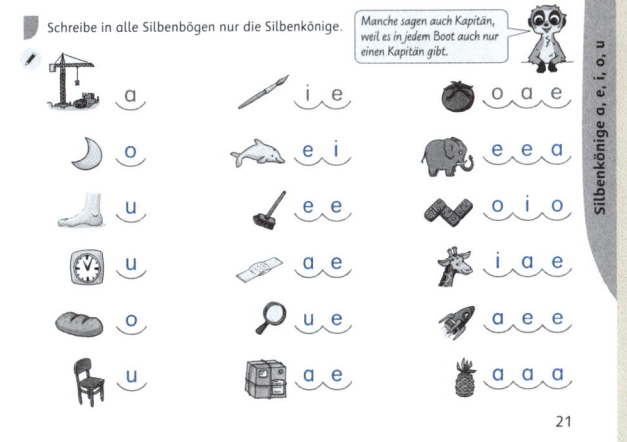

Silbenkönige a, e, i, o, u

Schreibe in alle Silbenbögen nur die Silbenkönige.

Manche sagen auch Kapitän,
weil es in jedem Boot auch nur
einen Kapitän gibt.

a   i e   o a e

o   e i   e e a

u   e e   o i o

u   a e   i a e

o   u e   a e e

u   a e   a a a

21

27

Verbinde, was zusammenpasst. Schreibe die Wörter auf.

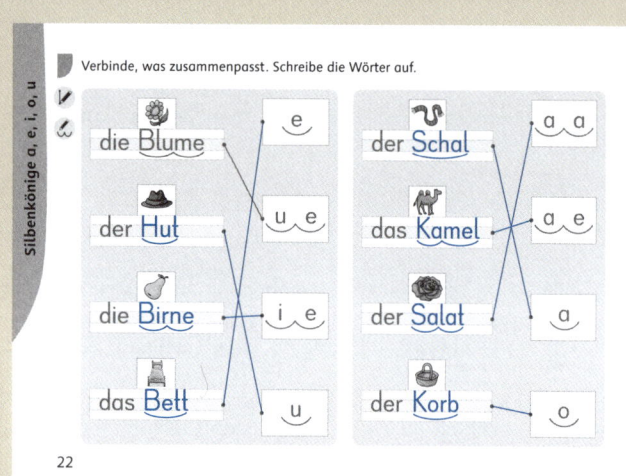

die Blume — e

der Hut — u e

die Birne — i e

das Bett — u

der Schal — a a

das Kamel — a e

der Salat — a

der Korb — o

22

Male die Felder mit **a, e, i, o, u** gelb an.

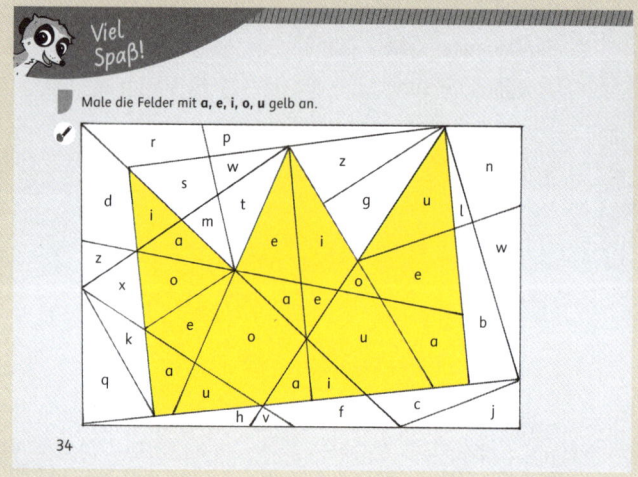

34

Setze **ä, ö** oder **ü** ein.

Es gibt noch mehr Silbenkönige!

T ü r   W ü rfel   B ü rste

B ä r   L ö ffel   K ö nig

5 f ü nf   M ü tze   Sch ü ssel

gr ü n   Schl ü ssel   K ä se

12 zw ö lf   L ö we   Fl ö te

35

Ordne die Wörter richtig den Bildern zu. Setze **ä, ö** oder **ü** ein.

Oft findest du ä, ö, ü bei Wörtern in der Mehrzahl.

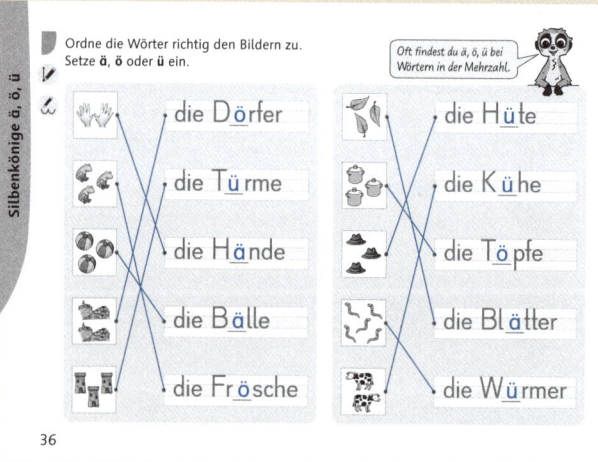

die Dörfer

die Türme

die Hände

die Bälle

die Frösche

die Hüte

die Kühe

die Töpfe

die Blätter

die Würmer

36

28

Ein großer 🍲 ein kleines **Töpfchen**
Topf,

Ein großer 🐵 ein kleines **Äffchen**
Affe,

-chen und -lein zaubern alles klein. Achte auf ä, ö und ü.

Schreibe in der Tabelle alle kleinen Dinge dazu. Male die Silbenkönige an.

Topf	das Töpfchen	Affe	das Äffchen
Hut	das Hütchen	Blume	das Blümchen
Hand	das Händchen	Hose	das Höschen
Brot	das Brötchen	Jacke	das Jäckchen
Hund	das Hündchen	Krone	das Krönchen

Silbenkönige ä, ö, ü

37

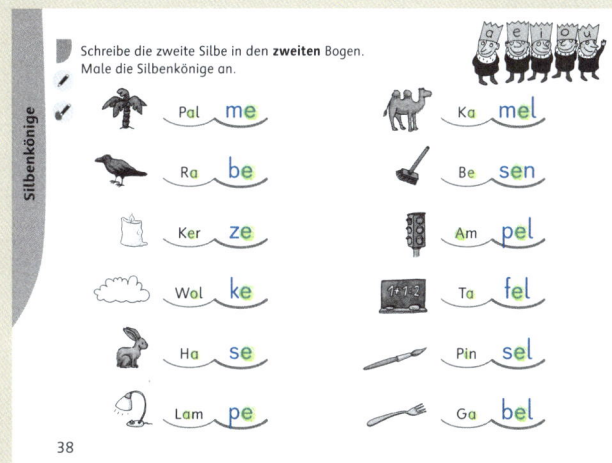

Schreibe die zweite Silbe in den **zweiten** Bogen. Male die Silbenkönige an.

Pal **me** — Ka **mel**

Ra **be** — Be **sen**

Ker **ze** — Am **pel**

Wol **ke** — Ta **fel**

Ha **se** — Pin **sel**

Lam **pe** — Ga **bel**

Silbenkönige

38

Schreibe die erste Silbe in den **ersten** Bogen. Male die Silbenkönige an.

Lö we — **Bir** ne

Lu pe — **Pi** rat

En te — **Gur** ke

Na se — **Ku** chen

Fe der — **Gür** tel

Ti ger — **Sche** re

Silbenkönige

39

Ergänze alle Silbenkönige.

Silbenkönige

T e l e f o n — B a n a n e

K r o k o d i l — R a k e t e

V o g e l n e s t — T o m a t e

R e g e n w u r m — G i t a r r e

D o m i n o — Z i t r o n e

M o t o r r a d — M e l o n e

40

29

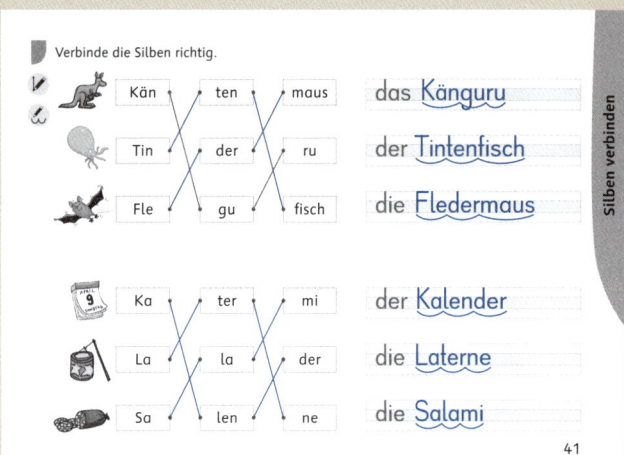

Verbinde die Silben richtig.

das **Känguru**

der **Tintenfisch**

die **Fledermaus**

der **Kalender**

die **Laterne**

die **Salami**

41

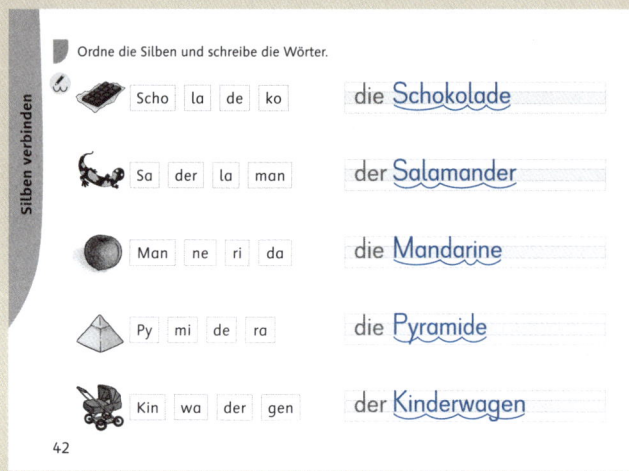

Ordne die Silben und schreibe die Wörter.

| Scho | la | de | ko | die **Schokolade**

| Sa | der | la | man | der **Salamander**

| Man | ne | ri | da | die **Mandarine**

| Py | mi | de | ra | die **Pyramide**

| Kin | wa | der | gen | der **Kinderwagen**

42

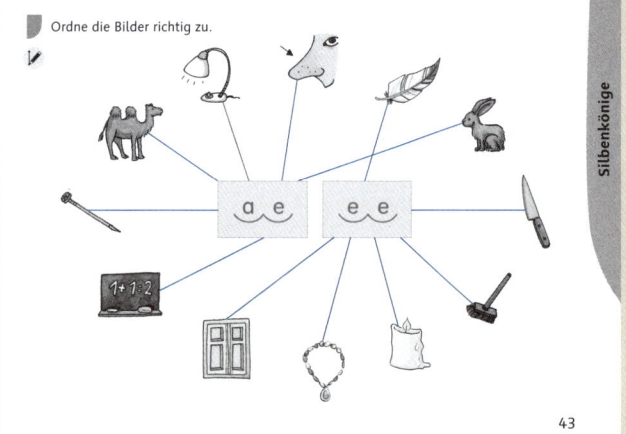

Ordne die Bilder richtig zu.

a e   e e

43

Viel Spaß!

Welches Tier ist das?

Es ist groß, schnell, wild und gefährlich.

Es ist klein, krabbelt im Gras und kann auch fliegen.

Es ist groß, braun, brummt und mag sehr gern Honig.

44

45

Verbinde jedes Wort mit dem richtigen Bild.
Male **ei**, **au** und **eu** mit verschiedenen Farben an.

Das sind ja auch Könige!
ei – au – eu

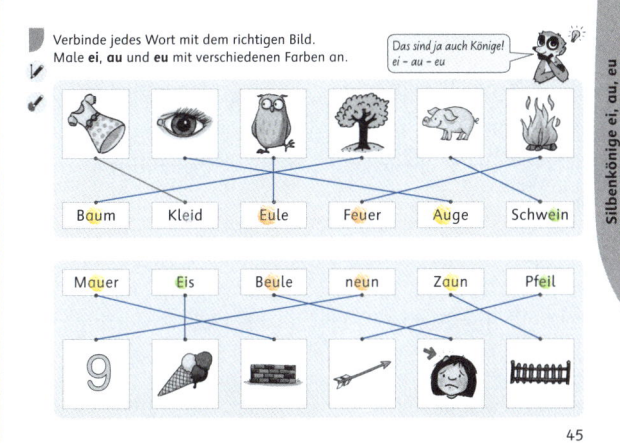

Baum   Kleid   Eule   Feuer   Auge   Schwein

Mauer   Eis   Beule   neun   Zaun   Pfeil

46

Verbinde jedes Wort mit dem richtigen Bild. Markiere **au** farbig und schreibe es auf.

der Baum
der Strauß
das Haus
die Maus

die Laus
die Braut
der Schlauch
der Zaun

der Baum, der Strauß, das Haus, die Maus,
die Laus, die Braut, der Schlauch, der Zaun

47

Verbinde die Silben richtig. Schreibe die Wörter auf.

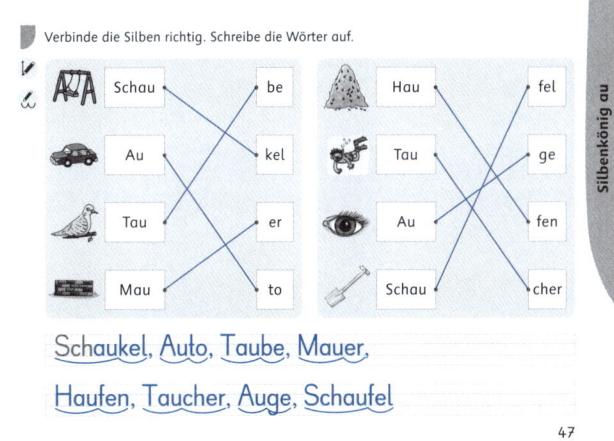

Schau   be
Au   kel
Tau   er
Mau   to

Hau   fel
Tau   ge
Au   fen
Schau   cher

Schaukel, Auto, Taube, Mauer,
Haufen, Taucher, Auge, Schaufel

48

Ergänze in den Wörtern **ei** und schreibe sie auf.

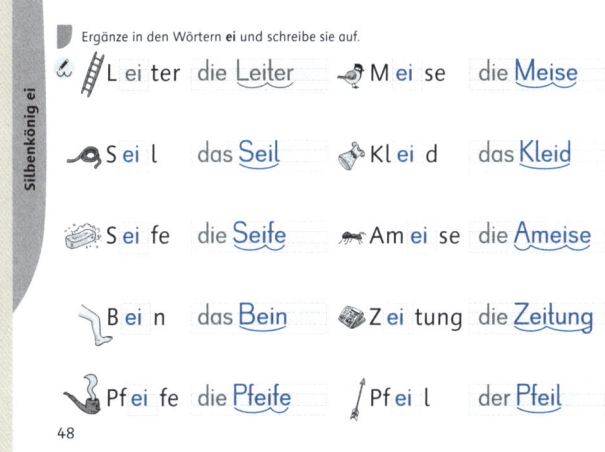

L ei ter   die Leiter   M ei se   die Meise

S ei l   das Seil   Kl ei d   das Kleid

S ei fe   die Seife   Am ei se   die Ameise

B ei n   das Bein   Z ei tung   die Zeitung

Pf ei fe   die Pfeife   Pf ei l   der Pfeil

Finde die richtigen Silben und male sie an.
Schreibe das ganze Wort.

Immer zwei Silben sind richtig!

Eu	**Au**	le	**to**	das Auto
Sei	Sau	**fe**	ge	die Seife
Eu	Ei	**ro**	le	der Euro
Ei	**Au**	**ge**	le	das Auge
Rau	Pau	ke	**pe**	die Raupe

49

Setze in jedem Wort **ei** oder **eu** ein.

die B **eu** le   die Schl **ei** fe

die L **ei** ter   das Flugz **eu** g

der T **ei** ch   das Schw **ei** n

das F **eu** er   die Z **ei** tung

die L **eu** te   das Spielz **eu** g

50

Kreuze das richtige Wort an. Male **ei**, **au** und **eu** an.

X Eule   die Eule
○ Eile

○ Freund   die Frau
X Frau

○ Ausweis   der August
X August

○ Feier   das Feuer
X Feuer

○ Bein   der Baum
X Baum

○ Kreide   das Kreuz
X Kreuz

51

Verbinde die Silben richtig. Schreibe die Wörter auf.

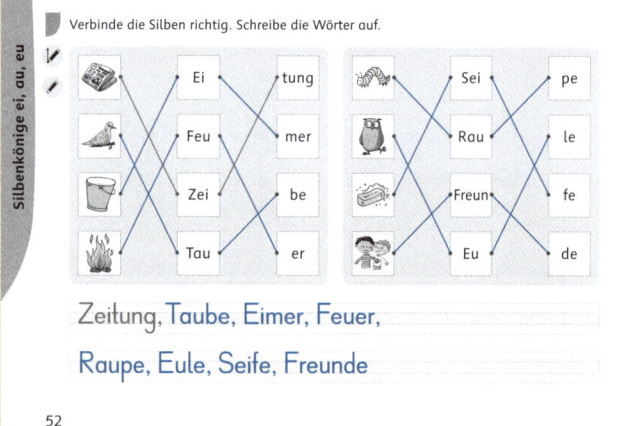

Ei	tung
Feu	mer
Zei	be
Tau	er

Sei	pe
Rau	le
Freun	fe
Eu	de

Zeitung, Taube, Eimer, Feuer,
Raupe, Eule, Seife, Freunde

52

32

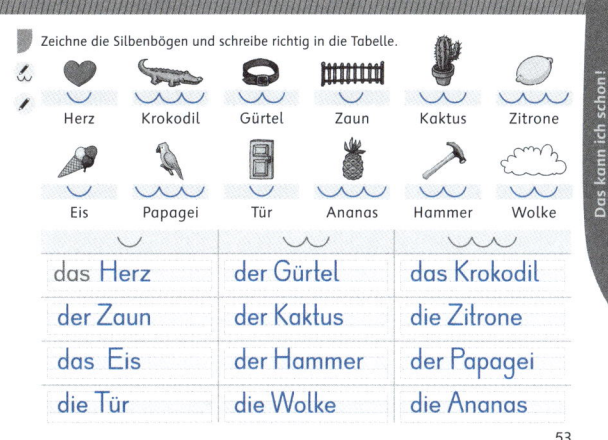

Zeichne die Silbenbögen und schreibe richtig in die Tabelle.

Herz · Krokodil · Gürtel · Zaun · Kaktus · Zitrone
Eis · Papagei · Tür · Ananas · Hammer · Wolke

das Herz	der Gürtel	das Krokodil
der Zaun	der Kaktus	die Zitrone
das Eis	der Hammer	der Papagei
die Tür	die Wolke	die Ananas

53

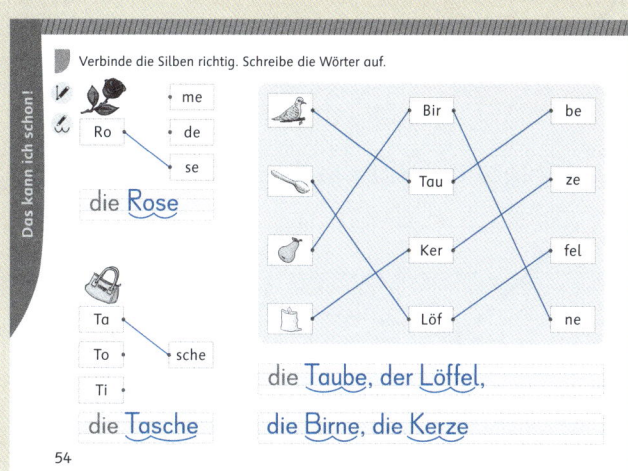

Verbinde die Silben richtig. Schreibe die Wörter auf.

Ro – me / de / se
die Rose

Ta / To / Ti – sche
die Tasche

Bir – be
Tau – ze
Ker – fel
Löf – ne

die Taube, der Löffel,
die Birne, die Kerze

54

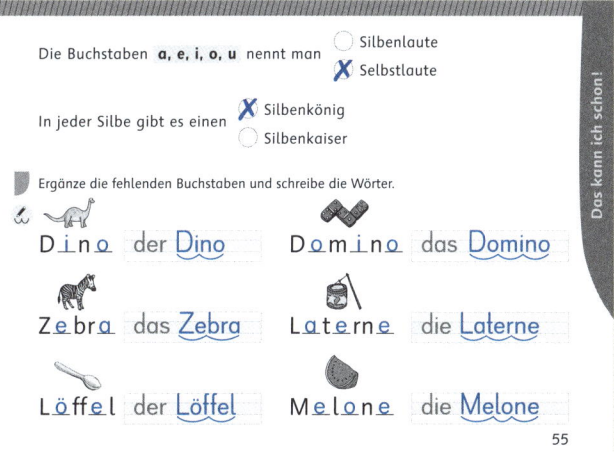

Die Buchstaben **a, e, i, o, u** nennt man
○ Silbenlaute
✗ Selbstlaute

In jeder Silbe gibt es einen
✗ Silbenkönig
○ Silbenkaiser

Ergänze die fehlenden Buchstaben und schreibe die Wörter.

D i n o — der Dino
D o m i n o — das Domino
Z e b r a — das Zebra
L a t e r n e — die Laterne
L ö f f e l — der Löffel
M e l o n e — die Melone

55

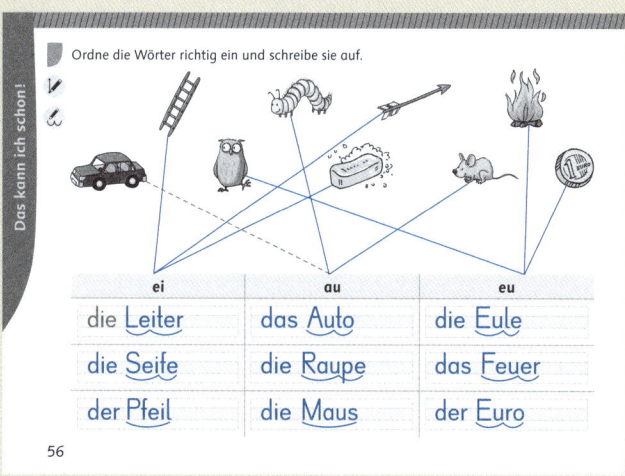

Ordne die Wörter richtig ein und schreibe sie auf.

ei	au	eu
die Leiter	das Auto	die Eule
die Seife	die Raupe	das Feuer
der Pfeil	die Maus	der Euro

56

33

Male die Felder mit **a, e, i, o, u** gelb an.

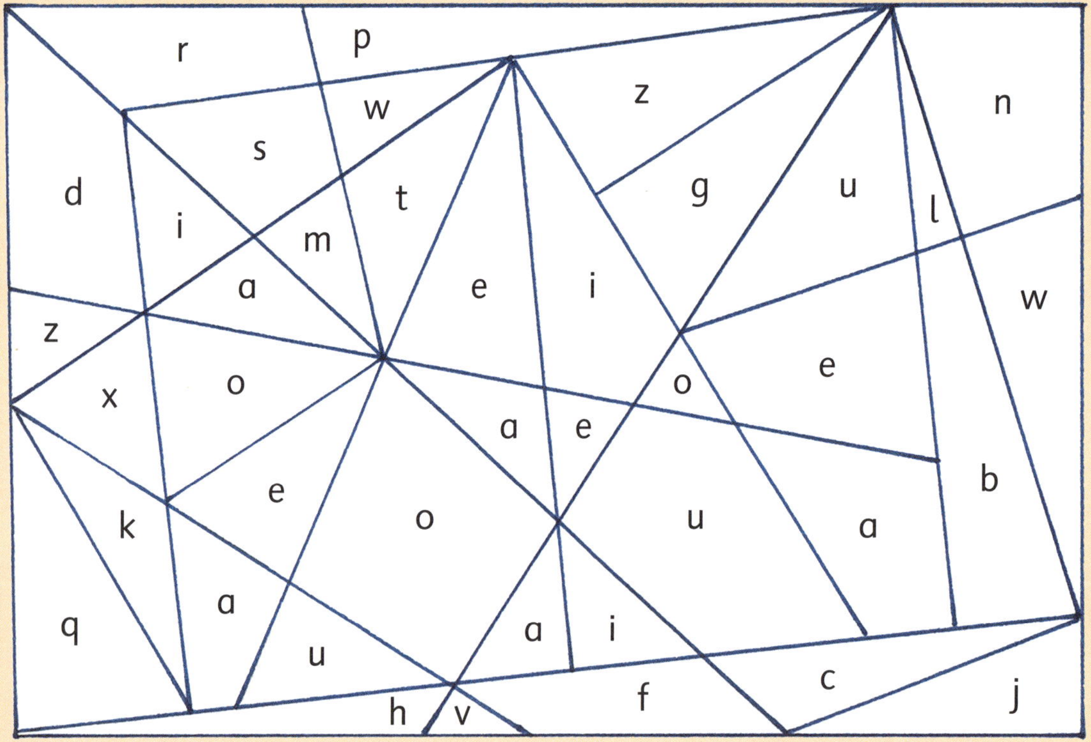

r p
w z n
s
d t g u l
i m
a e i w
z
x o e
o
a e
e
o u a b
k
a u a
q
a i
u
h v f c j

34

Setze **ä**, **ö** oder **ü** ein.

Es gibt noch mehr Silbenkönige!

 T⬜r

 W⬜rfel

 B⬜rste

 B⬜r

 L⬜ffel

 K⬜nig

5 f⬜nf

 M⬜tze

 Sch⬜ssel

 gr⬜n

 Schl⬜ssel

 K⬜se

12 zw⬜lf

 L⬜we

 Fl⬜te

Silbenkönige ä, ö, ü

35

Ordne die Wörter richtig den Bildern zu.
Setze **ä**, **ö** oder **ü** ein.

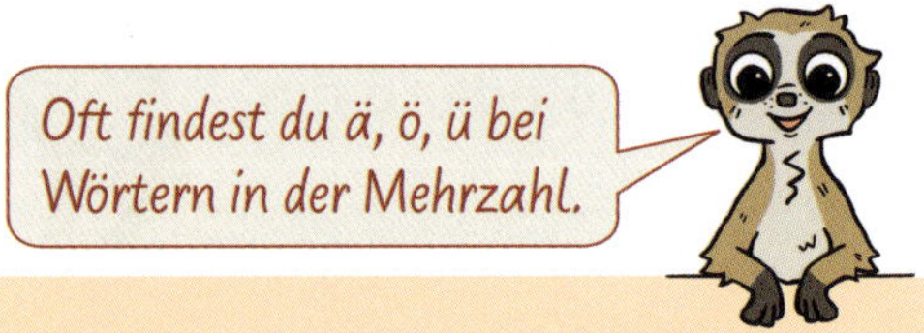

Oft findest du ä, ö, ü bei Wörtern in der Mehrzahl.

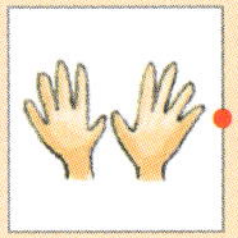

die D_rfer

die T_rme

die H_nde

die B_lle

die Fr_sche

die H_te

die K_he

die T_pfe

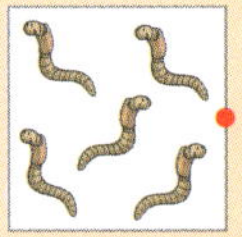

die Bl_tter

die W_rmer

36

Ein großer Topf, ein kleines _____

Ein großer Affe, ein kleines _____

-chen und -lein zaubern alles klein.
Achte auf ä, ö und ü.

Schreibe in der Tabelle alle kleinen Dinge dazu. Male die Silbenkönige an.

Topf	das Töpfchen	Affe	das Äffchen
Hut	das	Blume	das
Hand	das	Hose	das
Brot	das	Jacke	das
Hund	das	Krone	das

Schreibe die zweite Silbe in den **zweiten** Bogen.
Male die Silbenkönige an.

 Pal

 Ka

 Ra

 Be

 Ker

 Am

 Wol

 Ta

 Ha

 Pin

 Lam

 Ga

38

Schreibe die erste Silbe in den **ersten** Bogen.
Male die Silbenkönige an.

 ⌣⌣ we

 ⌣⌣ pe

 ⌣⌣ te

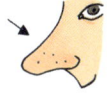 ⌣⌣ se

 ⌣⌣ der

 ⌣⌣ ger

 ⌣⌣ ne

 ⌣⌣ rat

 ⌣⌣ ke

 ⌣⌣ chen

 ⌣⌣ tel

 ⌣⌣ re

39

Ergänze alle Silbenkönige.

T□l□f□n

B□n□n□

Kr□k□d□l

R□k□t□

V□g□ln□st

T□m□t□

R□g□nw□rm

G□t□rr□

D□m□n□

Z□tr□n□

M□t□rr□d

M□l□n□

Verbinde die Silben richtig.

 Kän	ten	maus	das
 Tin	der	ru	der
 Fle	gu	fisch	die

 Ka	ter	mi	der
 La	la	der	die
 Sa	len	ne	die

Ordne die Silben und schreibe die Wörter.

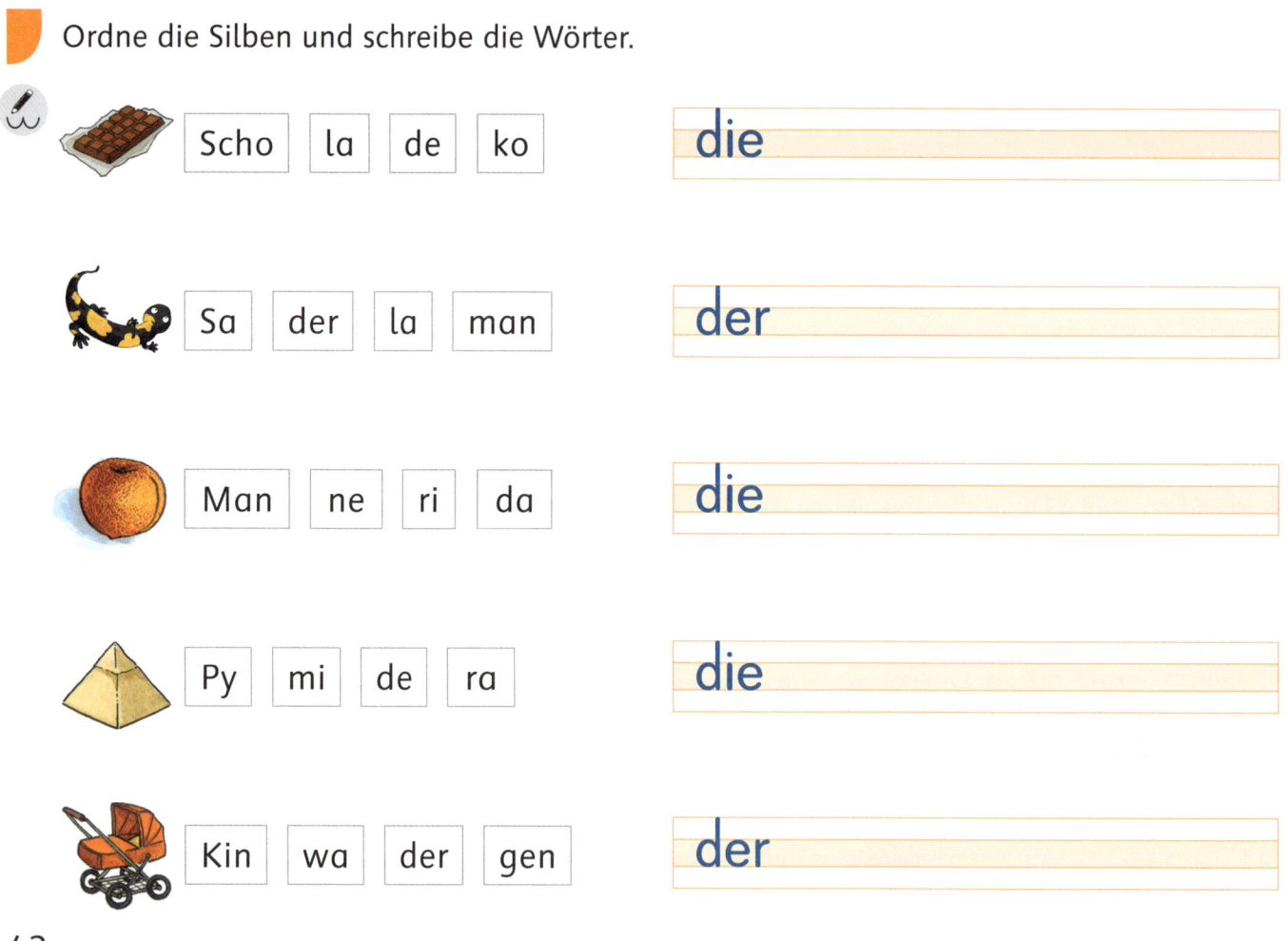

| Scho | la | de | ko |

die

| Sa | der | la | man |

der

| Man | ne | ri | da |

die

| Py | mi | de | ra |

die

| Kin | wa | der | gen |

der

Ordne die Bilder richtig zu.

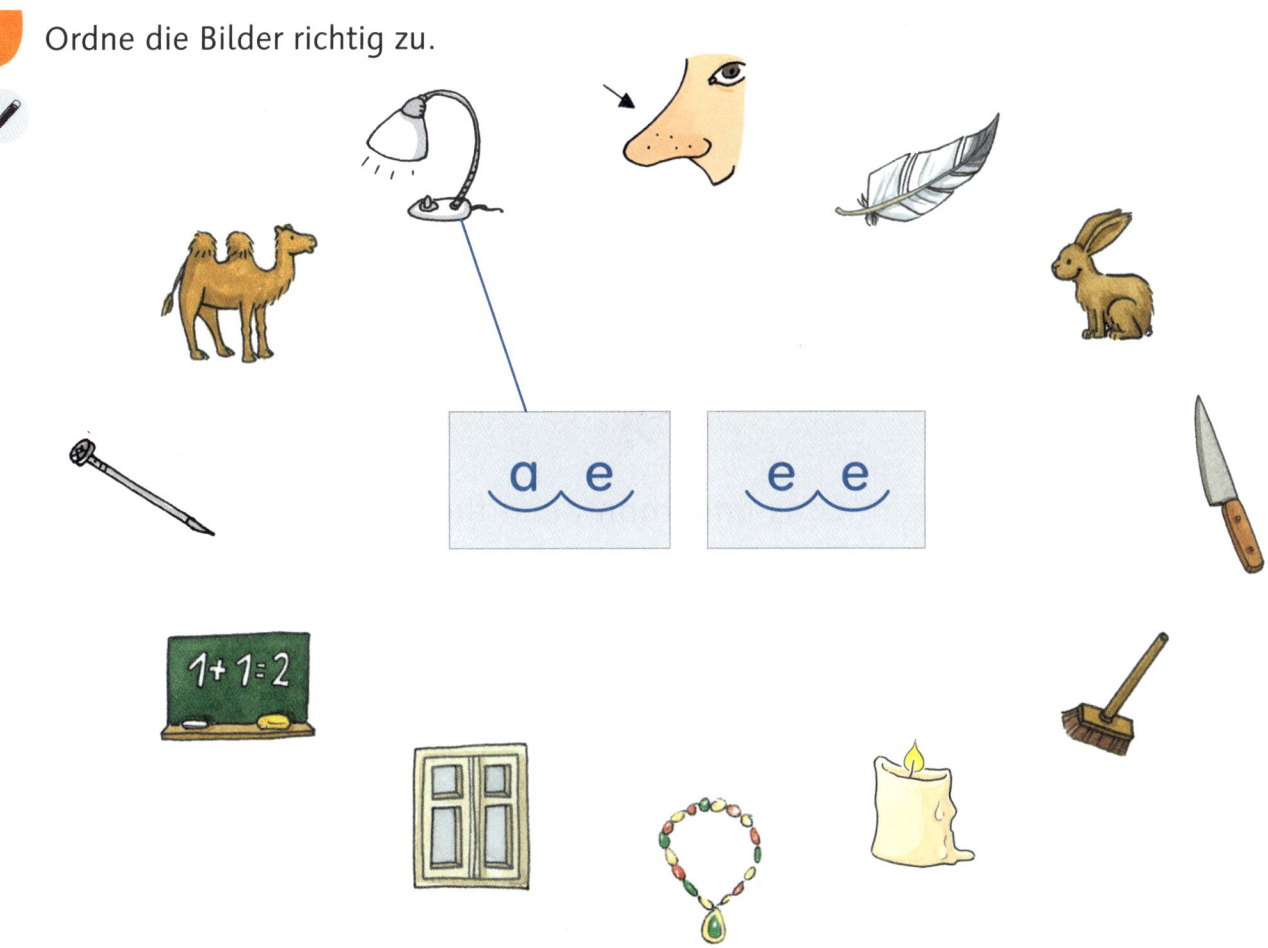

Welches Tier ist das?

Es ist groß, schnell, wild und gefährlich.

Es ist klein, krabbelt im Gras und kann auch fliegen.

Es ist groß, braun, brummt und mag sehr gern Honig.

Verbinde jedes Wort mit dem richtigen Bild.
Male **ei**, **au** und **eu** mit verschiedenen Farben an.

Das sind ja auch Könige!
ei – au – eu

Baum | Kleid | Eule | Feuer | Auge | Schwein

Mauer | Eis | Beule | neun | Zaun | Pfeil

Verbinde jedes Wort mit dem richtigen Bild. Markiere **au** farbig und schreibe es auf.

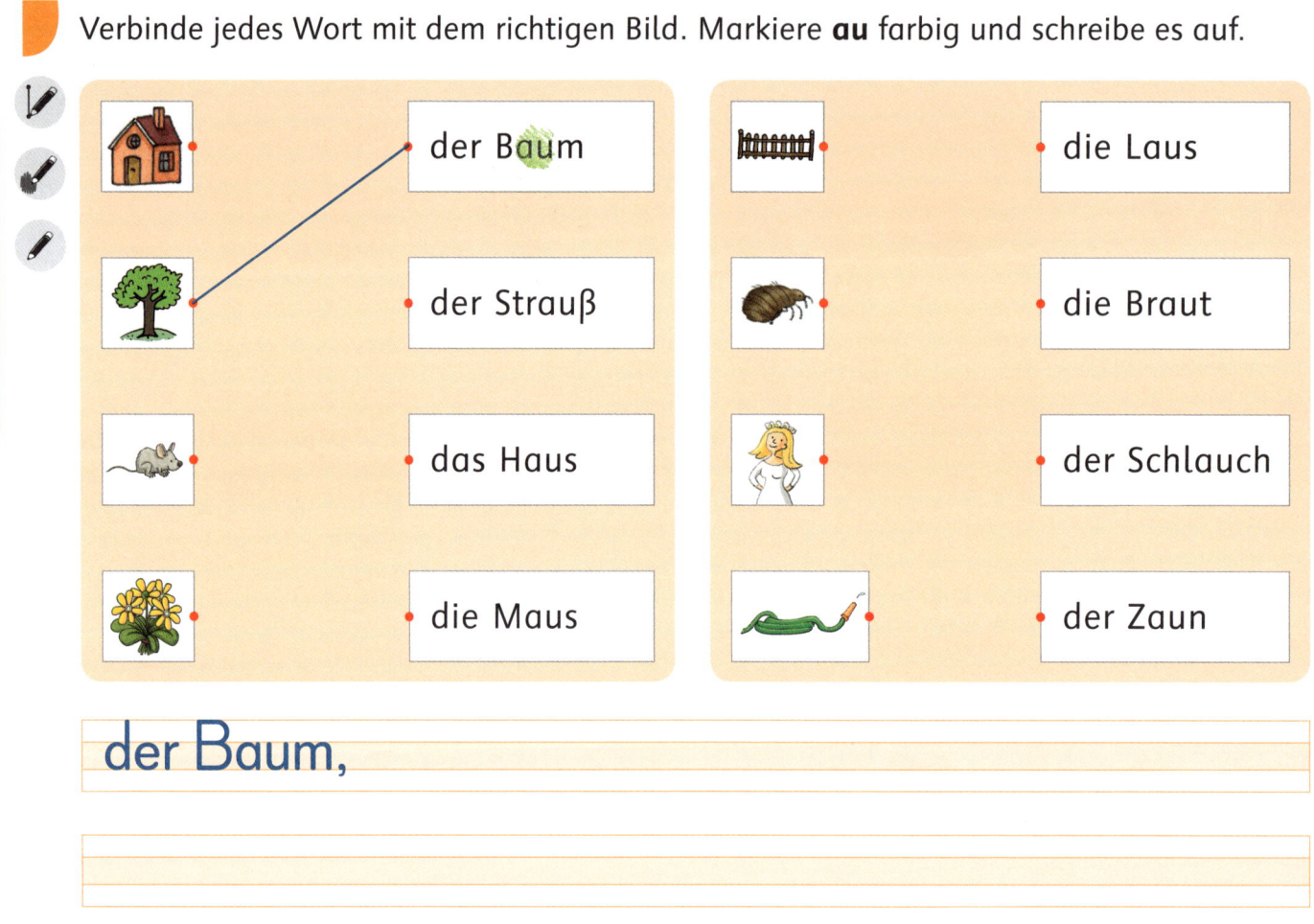

der Baum

der Strauß

das Haus

die Maus

die Laus

die Braut

der Schlauch

der Zaun

der Baum,

Verbinde die Silben richtig. Schreibe die Wörter auf.

Schau	•	• be
Au	•	• kel
Tau	•	• er
Mau	•	• to

Hau	•	• fel
Tau	•	• ge
Au	•	• fen
Schau	•	• cher

Sch

Ergänze in den Wörtern **ei** und schreibe sie auf.

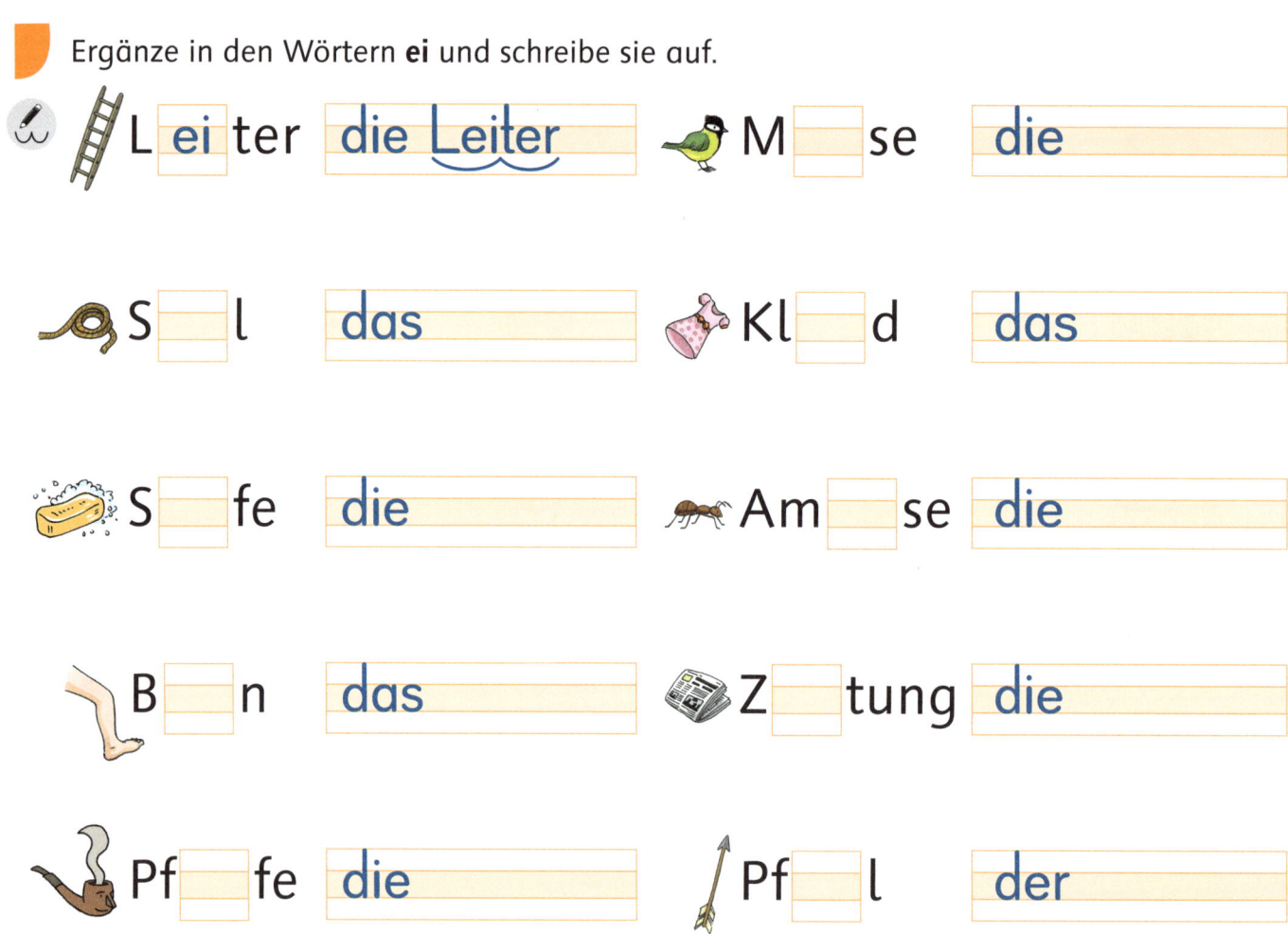

L **ei** ter   die Leiter

M ⬜ se   die

S ⬜ l   das

Kl ⬜ d   das

S ⬜ fe   die

Am ⬜ se   die

B ⬜ n   das

Z ⬜ tung   die

Pf ⬜ fe   die

Pf ⬜ l   der

Finde die richtigen Silben und male sie an.
Schreibe das ganze Wort.

Immer zwei Silben sind richtig!

|  | Eu | Au | le | to | das |

|  | Sei | Sau | fe | ge | die |

|  | Eu | Ei | ro | le | der |

| 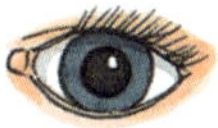 | Ei | Au | ge | le | das |

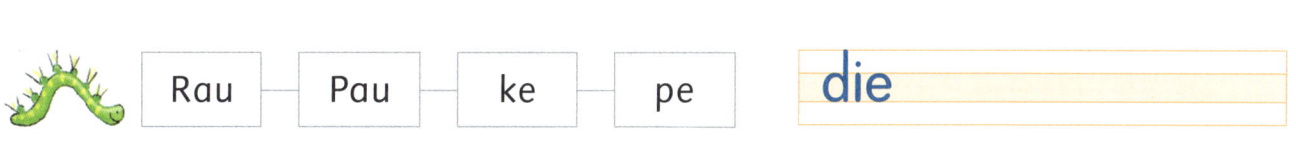

| | Rau | Pau | ke | pe | die |

Setze in jedem Wort **ei** oder **eu** ein.

 die B◻◻le

 die Schl◻fe

 die L◻ter

 das Flugz◻g

 der T◻ch

 das Schw◻n

 das F◻er

 die Z◻tung

 die L◻te

 das Spielz◻g

50

Silbenkönige ei, eu

Kreuze das richtige Wort an. Male **ei**, **au** und **eu** an.

○ Eule	die	
○ Eile		

○ Feier	das	
○ Feuer		

○ Freund	die	
○ Frau		

○ Bein	der	
○ Baum		

○ Ausweis	der	
○ August		

○ Kreide	das	
○ Kreuz		

51

Verbinde die Silben richtig. Schreibe die Wörter auf.

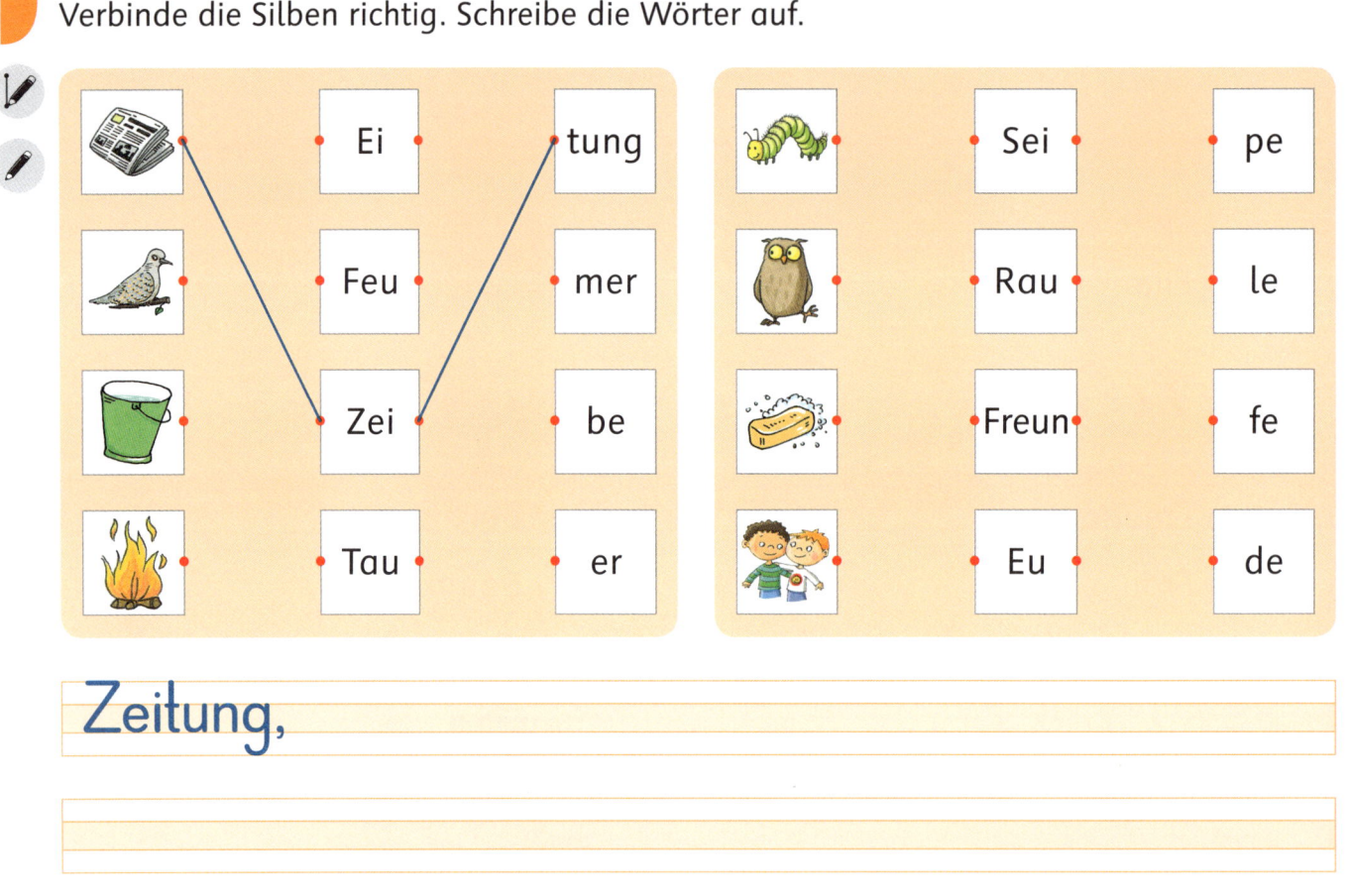

	Ei	tung
	Feu	mer
	Zei	be
	Tau	er

	Sei	pe
	Rau	le
	Freun	fe
	Eu	de

Zeitung,

Zeichne die Silbenbögen und schreibe richtig in die Tabelle.

Herz   Krokodil   Gürtel   Zaun   Kaktus   Zitrone

Eis   Papagei   Tür   Ananas   Hammer   Wolke

‿	‿‿	‿‿‿
das		

Verbinde die Silben richtig. Schreibe die Wörter auf.

Ro · · me
· de
· se

die _____

Ta ·
To · · sche
Ti ·

die _____

Bir · · be

Tau · · ze

Ker · · fel

Löf · · ne

die _____

_____

54

Die Buchstaben **a, e, i, o, u** nennt man ○ Silbenlaute

○ Selbstlaute

In jeder Silbe gibt es einen ○ Silbenkönig

○ Silbenkaiser

Ergänze die fehlenden Buchstaben und schreibe die Wörter.

 D_n_ der

 D_m_n_ das

 Z_br_ das

 L_t_rn_ die

 L_ff_l  der

 M_l_n_ die

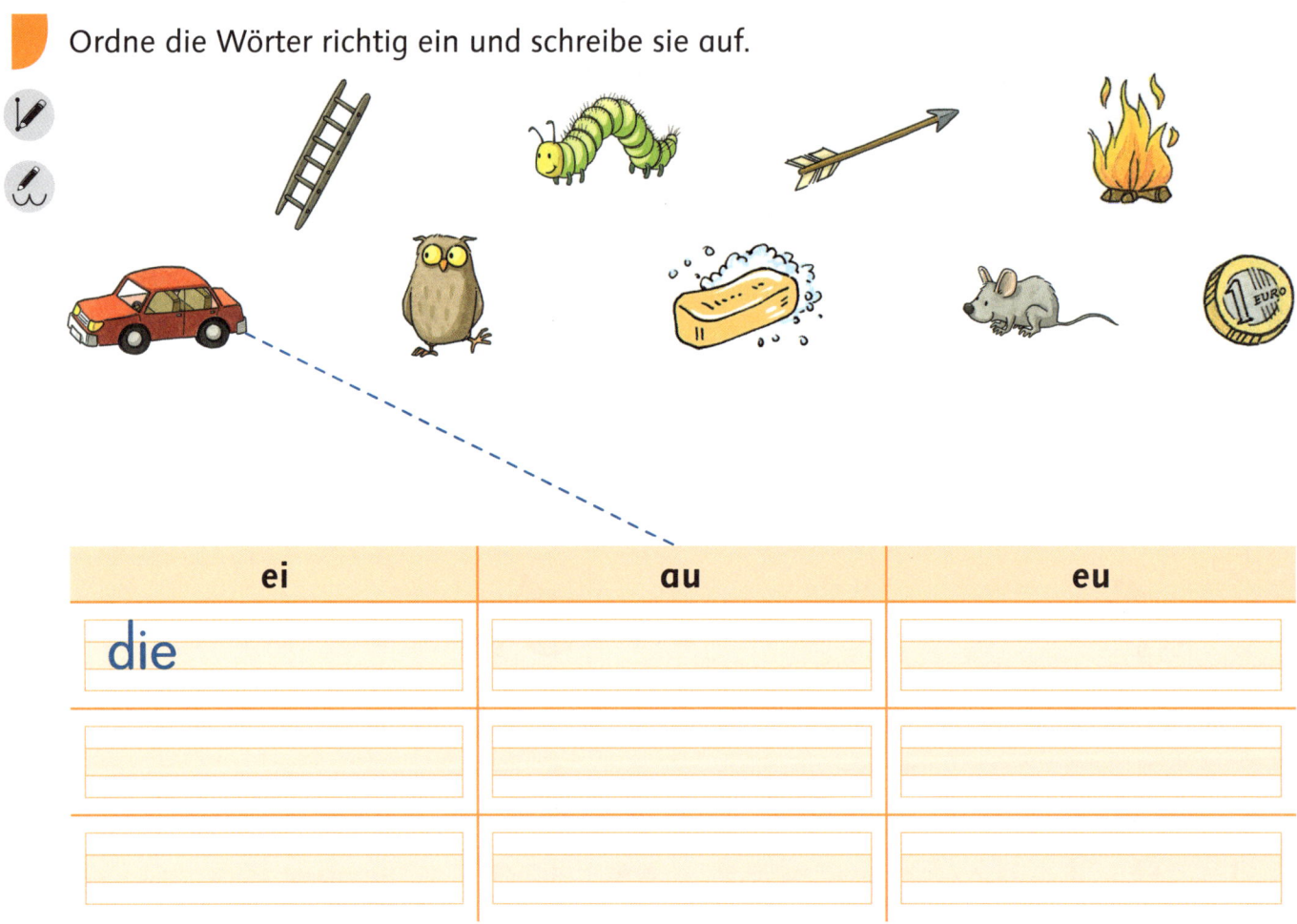

Ordne die Wörter richtig ein und schreibe sie auf.

ei	au	eu
die		